PILARES
PARA UMA VIDA PLENA

ANDRÉ REZENDE

PILARES PARA UMA VIDA PLENA

Como alcançar o equilíbrio para
a autenticidade e a felicidade

EDITORA
Labrador

Copyright © 2020 de André Rezende
Todos os direitos desta edição reservados à Editora Labrador.

Coordenação editorial
Pamela Oliveira

Revisão de original e apoio editorial
Silvia Prevideli

Projeto gráfico, diagramação e capa
Felipe Rosa

Preparação de texto
Marina Saraiva

Assistência editorial
Gabriela Castro

Revisão
Andressa Bezerra Corrêa

Dados Internacionais de Catalogação na Publicação (CIP)
Angélica Ilacqua – CRB-8/7057

Rezende, André
  Pilares para uma vida plena : como alcançar o equilíbrio para a autenticidade e a felicidade / André Rezende. – São Paulo : Labrador, 2020.
  112 p.

ISBN 978-65-5625-028-1

1. Autoajuda 2. Felicidade I. Título

20-2075   CDD 158.1

Índice para catálogo sistemático:
1. Autoajuda

Editora Labrador
Diretor editorial: Daniel Pinsky
Rua Dr. José Elias, 520 – Alto da Lapa
05083-030 – São Paulo – SP
+55 (11) 3641-7446
contato@editoralabrador.com.br
www.editoralabrador.com.br
facebook.com/editoralabrador
instagram.com/editoralabrador

A reprodução de qualquer parte desta obra é ilegal e configura uma apropriação indevida dos direitos intelectuais e patrimoniais do autor.

A editora não é responsável pelo conteúdo deste livro.
O autor conhece os fatos narrados, pelos quais é responsável, assim como se responsabiliza pelos juízos emitidos.

AGRADECIMENTOS

Agradeço a Deus e a todas as pessoas que passaram pela minha vida e que me deixaram algum ensinamento. Desde os mestres de finanças até os mestres da espiritualidade.

Agradeço também pela educação espiritual concedida pela minha mãe, pois sem esses ensinamentos eu não teria o que desafiar e não chegaria às conclusões deste livro.

SUMÁRIO

CAPÍTULO ZERO 9

ESTRUTURA DO NOSSO SER 13

PILAR PESSOAL 25

    Nosso eu físico — corpo 32

    Nosso eu emocional — coração e sentimentos 40

    Nosso eu intelectual — mente 48

    Conclusão do pilar pessoal 54

PILAR DO RELACIONAMENTO 55

    Família 61

    Amigos 64

    Cônjuge 65

    Filhos 68

    Avós 69

    Conclusão do pilar relacionamento 70

PILAR DA OCUPAÇÃO 73

    Ocupação como pilar da felicidade 81

    Desapego 84

    Uso pleno do potencial humano 86

PILAR ESPIRITUAL 93

CONCLUSÃO 105

    Organograma do ser humano 106

REFERÊNCIAS 109

CAPÍTULO ZERO

Decidi começar este livro com o capítulo zero. Por coincidência, esta semana estava lendo um livro que começou assim e confesso que gostei. A maioria dos livros começa pelo capítulo de introdução e, geralmente, os leitores pulam para começar a ler pela história propriamente dita. Eu decidi mitigar esse risco e aderir à ideia do meu colega escritor.

Muitas dúvidas ainda pairam sobre a humanidade e não temos muitas respostas para elas. Estamos passando pela revolução tecnológica e da informação, com cada vez mais avanços. Vivíamos na Era Industrial e hoje estamos na Era da Informação, e neste meio do caminho já fomos à Lua. Faz muito tempo que não voltamos a esse satélite, mas o fato é que chegamos lá. Algumas tecnologias, como ir à Lua ou desenvolver clones humanos, nos levam a um determinado ponto do estudo que nos intriga, mas não conseguimos prosseguir; os avanços param talvez por chegarem ao limite. Temos as perguntas "Por que ainda não fizemos uma ponte aérea entre a Terra e a Lua?" ou "Por que ainda não inventamos uma tecnologia de produção de órgãos para transplante?", mas as respostas, infelizmente, não temos. Aliás, ainda não temos respostas para várias perguntas básicas do nosso dia a dia.

Estamos evoluindo a cada dia, ampliando nosso conhecimento sobre o planeta e até sobre o cosmo, mas ainda existem muitos elementos básicos no nosso dia a dia que desconhecemos. Muitas pessoas ainda vivem suas vidas sem ter um propósito bem definido e com um possível "botão" de modo automático ligado. Ainda existem muitos seres humanos vivendo para procriar e sobreviver somente, sem ao menos tentarem descobrir o verdadeiro potencial de nossa espécie.

Tudo é uma questão de prioridade e propósito. No mundo atual temos muito mais prioridade de avançar sob o ponto de vista tecnológico, financeiro e capitalista, do que avançar o conhecimento pleno sobre a humanidade ou sobre o ser humano em sua essência.

A partir do momento que comecei a analisar a nossa trajetória com mais profundidade, e isso aconteceu após o falecimento do meu pai, que teve um infarto fulminante e me fez refletir sobre o sentido da vida, eu sempre me pergunto se, como humanidade, estamos progredindo ou regredindo.

Digo isso, pois receio que não avançamos como humanidade na mesma proporção do que é feito com a ciência. Temos muitas tecnologias sendo desenvolvidas, mas ainda temos no mundo aproximadamente 800 milhões de pessoas que passam fome diariamente, segundo informações da Organização das Nações Unidas (ONU).

Isso me parece bastante incoerente: o mundo cada vez mais rico e pessoas ainda passando fome ou com necessidades básicas. Problemas do mais alto nível já foram solucionados, como ir para o espaço, colocar satélites artificiais em órbita, desenvolver remédios para curar doenças raras, entre outras descobertas, e ainda não conseguimos resolver o problema da fome e da miséria, que me parece requerer uma solução simples para esse mundo tão moderno e tecnológico. Quais são as prioridades e os pilares que nos levarão além do avanço tecnológico? Quais são os pilares que nos farão evoluir como humanidade? Será que o capitalismo está nos deixando mais perto da matéria e mais longe da essência?

Sempre tive muitas perguntas sobre o ser humano. Fui uma dessas crianças que perguntava: "De onde vim? Para onde vou? Por que estou aqui? Como faço para chegar lá?" Entre diversas outras perguntas, que muita gente ainda faz, inclusive eu.

Quando me tornei adulto, alguns esclarecimentos eu consegui ter, mas outras perguntas continuaram, principalmente aquelas cujas respostas jamais serão encontradas. No final das contas, a principal pergunta a que temos que responder é: o que é importante para a minha vida?

Após 20 anos trabalhando em grandes empresas multinacionais, decidi deixar toda a minha carreira para trás e estudar o ser humano e sua essência. Fiz uma longa caminhada de 31 dias por Santiago de Compostela, o que me fez mudar a forma de pensar. Li diversos livros e me aprofundei na psicologia humana.

Fiz diversos cursos de autoconhecimento e hoje em dia me sinto realizado em poder contribuir com a humanidade. Evoluí e tenho certeza de que posso contribuir com conhecimento para a evolução de todos que assim desejarem. Tudo começa pelo degrau mais fácil e vamos evoluindo à medida que subimos a escada, mas o primeiro degrau é o da vontade. A vontade de evoluir tem que partir de dentro para fora. Deve haver uma motivação intrínseca para a busca da evolução como indivíduo e como sociedade.

O pilar zero para a evolução do ser humano é a vontade de crescer, evoluir e contribuir com a humanidade com algo que faça sentido e deixe um legado. Uma grande parte da população entende que ter um propósito de vida é essencial para a motivação do dia a dia. Este é o início de tudo.

Todos nós temos o desejo de deixar um legado. Alguns têm a pretensão de deixar para um número grande de pessoas, como foi o caso de Gandhi, Nelson Mandela, papa Francisco e outros líderes; e outros, somente para pessoas que estão ao seu redor no dia a dia, como filhos, netos e familiares. A força que existe em deixar um legado nesses dois casos tem a mesma intensidade, mas no segundo grupo muitas vezes o legado fica internalizado como educação, com o poder de mudar a rota de vida dessa família.

Eu diria que a vontade de crescer e evoluir é a nossa espinha dorsal, já que sem ela não conseguimos parar em pé. No momento em que pararmos de evoluir, estaremos próximo do fim. Este é o nosso marco zero.

Após muitas observações, baseadas em histórias que com frequência são repetidas, pude compreender que temos alguns pilares e que, se esses pilares estiverem equilibrados, conseguimos nos manter em pé. Trata-se dos pilares do ser humano. Somente para exemplificar e facilitar a visualização, se tivermos que elevar uma mesa quadrada, precisaremos subir os quatro pés da mesa ao mesmo tempo. Como é feito com a mesa, também ocorre com o ser humano: para evoluirmos, precisamos elevar todos os pilares ao mesmo tempo. E para que possamos nos elevar, precisamos dos nossos pilares equilibrados, para não correr o risco de sofrer uma queda.

Ao longo deste livro, serão abordados esses pilares, que, se bem dosados, nos fazem parar em pé e nos equilibrar ao longo de nossa trajetória na vida terrena de modo mais sereno, humanitário e pleno.

Como diria Salomão, que foi rei de Israel, escritor do livro de "Provérbios" da Bíblia, filho de Davi e considerado até os dias de hoje um dos homens mais sábios e mais ricos que já existiu: "O íntimo e a consciência, a misericórdia e a justiça devem equilibrar nossa vida. Justiça sem misericórdia é tirania; misericórdia sem justiça é conivência com o erro".

Esse equilíbrio deve fazer nossa vida brilhar e triunfar. O segredo de tudo está no equilíbrio.

E no plano terreno, quais são os pilares de nossa vida e quais são os que devemos equilibrar para uma vida mais plena e feliz?

Convido você a esta fácil leitura!

ESTRUTURA DO NOSSO SER

Se olharmos de fora, quais são os pilares que nos sustentam?

Começo com uma pequena reflexão que merece atenção. Você já parou para pensar o que sustenta a sua vida? Quais são os pilares que o/a mantêm em pé? Por que fazemos o que fazemos e o que nos leva a fazer o que fazemos?

Vamos parar alguns minutos e pensar sobre esta pergunta. Questione como você a responderia em relação à sua vida. E se perguntasse isso para as pessoas com as quais se relaciona, será que as respostas seriam iguais? Quais são os pilares do ser humano? São perguntas que em nosso dia a dia deixamos de fazer e pouco refletimos a respeito. Vamos refletir?

A natureza é a mãe perfeita e cheia de mistérios. Na criação do nosso corpo físico fica muito fácil entender os nossos pilares. Nossas pernas são nossa sustentação, nossos braços nos dão equilíbrio, nosso tronco é a ligação de nossos membros inferiores e superiores e o guardião de nossos órgãos, nossa cabeça carrega o comandante físico do nosso corpo que é o nosso cérebro, e tudo isso trabalha em perfeita sintonia.

Quando há saúde no nosso corpo físico, podemos dizer que há harmonia e equilíbrio em nosso corpo como um todo, levando a um estado de naturalidade, no qual agimos sem precisar pensar. Este estado pode ser comparado ao estado de dirigir para um(a) motorista com prática. Ele(a) simplesmente dirige, sem necessitar pensar muito. Assim vivemos quando estamos em estado de naturalidade, sem dores e sem desconfortos. Isso nos proporciona uma situação em que podemos nos concentrar em outros fatores de nossa vida, pois não concentramos nossos pensamentos em nosso corpo físico.

Quando estamos doentes não conseguimos nos concentrar em quase nada, a não ser na nossa doença ou em nosso corpo. Por esse motivo, quando estamos em um estado de naturalidade, estamos em vivência física plena com o nosso corpo. Chamamos isso de um corpo saudável, e isso nos capacita para fazermos quase tudo que temos vontade sob o ponto de vista físico. Corpo saudável nos proporciona uma vida saudável. Assim acontece na natureza e com todos os seres vivos.

Será que apenas estar bem fisicamente nos faz um ser humano pleno e otimizado?

Quando enxergamos o corpo físico, é fácil observar, pois é visível. Podemos tocar em nosso corpo e há matéria que podemos ver. Quando falamos da nossa vida em geral, fica um pouco mais difícil entender quais são os pilares que nos sustentam, pois alguns pontos não são físicos, mas metafísicos. Somos compostos de corpo, mente (ou alma) e espírito, e tudo isso interagindo o tempo todo. Há uma corrente de interdependência com tudo e com todos sempre, como uma corrente elétrica ligada em todos os momentos de nossa vida. Logo, recebemos e passamos energia 24 horas por dia, todos os dias do ano, todos os anos de nossa vida.

Sabemos que não fomos feitos para vivermos sozinhos. Fomos criados para vivermos em sociedade, dividindo, desde o começo da nossa história, há milênios de anos, nossos alimentos, nossa cabana, nosso calor humano e nossos conhecimentos. Com a difusão do conhecimento, do controle sobre nós mesmos e sobre a natureza, começaram a surgir sociedades organizadas por meio de famílias. Foram fundados cidades e países, atuando em um ambiente composto pela vida e pela cultura, pelas crenças e pelos aprendizados em que estamos inseridos. Nesta cultura temos aspectos físicos, culturais, intelectuais, espirituais, sociais, econômicos e diversos outros que contribuem demasiadamente com a nossa vida. Juntos, esses fatores contribuem com a construção de nossa jornada como ser humano, único e inserido na humanidade.

Todo ser humano, além das necessidades do corpo físico, também tem necessidades não físicas, como emocionais, intelectuais, de relacionamento, de divisão de conhecimento, de divisão de opiniões, de falar, escutar, interagir com outro ser humano de mesma opinião e também de discutir com outras pessoas de diferentes pontos de vista. Pensamentos distintos geram desafios, e, como o contraste amplia a consciência, interações e pensamentos distintos ampliam a consciência e a descoberta do novo.

Temos necessidade de acreditar em algo maior que a nossa existência, como uma força, uma energia ou uma ciência. A ciência pode ser vista como manifestação de energia ou manifestação do Todo. Alguns ateus, apesar de não acreditarem em Deus, acreditam na ciência como responsável por tudo que vivemos; mas até mesmo os ateus precisam acreditar em alguma coisa para responder à dúvida de onde viemos ou para onde iremos. Há no mínimo alguma ciência por trás de tudo, mas ela não tem condições de prover por si só algumas respostas, pedindo auxílio à dúvida ou então à fé.

Tomemos como exemplo o princípio do universo. Ao exaurirmos as perguntas de como o universo foi criado até a última explicação da explosão do bigue-bangue, chegaremos em um ponto em que a ciência também terá sua exaustão, e neste momento há uma limitação. Neste ponto, ou escolhemos ficar com a dúvida, ou com a fé.

A maioria dos humanos tem a necessidade de acreditar em algo mais forte ou maior que a nossa espécie, sendo essa crença baseada em espiritualidade ou não. Muitos de nós temos essa necessidade de entender as nossas origens e o nosso destino: pré-vida, nascimento, pós-vida, morte. Nossa cultura e nossa criação nos condicionam, muitas vezes, a desenvolver nossas crenças e acreditar em uma força maior que nos guia e nos direciona para o nosso destino. Muitas vezes chamamos a junção da causa e da condição de destino, cujo ponto será explicado mais adiante. A causa é criada por nós mesmos, e a condição usamos para que as causas sejam materializadas.

Além das necessidades mencionadas, ainda temos as carências materiais e ocupacionais. Vivemos em um mundo material: precisamos de comida, moradia e roupas, entre outros, que muitas vezes são proporcionados com ocupações. Prefiro usar o termo "ocupação", pois gostaria de evitar a conotação negativa que a palavra "trabalho" pode nos trazer. Até o eremita, de alguma forma, precisa se sentir ocupado ou preencher em seu interior um sentido de ocupação ou de propósito. Todo ser humano, para ter uma vida plena, precisa se sentir útil. Precisa utilizar todo o seu potencial e atender ao que podemos nomear de "chamado da alma", ou seja, propósito de vida.

Os pilares da nossa existência são os que constituem qualidade de vida. A Organização Mundial da Saúde (OMS) desenvolveu um questionário composto de seis pilares: o físico, o psicológico, o do nível de independência, o das relações sociais, o do meio ambiente e o espiritual ou aspectos religiosos. Com base nesses pilares, a Organização das Nações Unidas (ONU) desenvolveu o Índice de Desenvolvimento Humano (IDH), que é uma medida avaliadora das condições básicas de uma sociedade, com ênfase em elementos que podem ser comparados na maior parte do mundo. Se até mesmo a ONU mede a qualidade de vida do ser humano com indicadores comparáveis, isso nos mostra que os temas qualidade de vida e equilíbrio são pautas de organizações com representatividade mundial.

Há muitas opiniões divergentes sobre os pilares da vida do ser humano e pouco se concluiu a respeito. Muitos artigos foram publicados sobre o tema, e existem sempre incongruências e intersecções entre os estudos, mas este é um assunto bastante subjetivo para se ter conclusões. Cada ser humano tem a liberdade de valorizar um ou outro atributo, característica ou até mesmo pilar, mas o fato é que todos precisam de pilares que sustentem a existência. Eles que nos dão força para seguir em frente e continuar nossa trajetória em busca de nossos objetivos, que nos mantêm saudáveis física e mentalmente, e, o mais importante, quando juntos e em equilíbrio, eles ajudam a promover o nosso tão desejado bem-estar, que leva à felicidade e à vida plena.

No livro *Em busca de sentido*, o autor, Viktor Emil Frankl, menciona que o sentido da vida pode ser alcançado das seguintes formas:

1. criando um trabalho ou praticando um ato;
2. experimentando algo ou encontrando alguém;
3. tomando uma atitude em relação ao sofrimento inevitável.

Em muitas das frases da obra é citada uma vida transcendental à nossa vida humana. Frankl discorre sobre o sentido de todo o sofrimento e comenta, em especial, que cada ser humano que esteve num campo de concentração tinha um propósito e se apegava aos seus pilares para permanecer vivo. Todos os pilares mencionados por ele, de alguma forma, passam por quatro componentes: pessoal, relacionamento, ocupação e espiritualidade. Ele mesmo menciona que escrever aquele livro, que é uma forma de ocupação, o fez permanecer erguido diante de tanto sofrimento em um campo de concentração.

Para complementar o conceito bastante estudado e exaurido por Viktor Frankl, alguns ensinamentos espirituais e muito enfatizados pelo budismo também citam que a grande busca do homem é a felicidade plena.

Não será abordado aqui o que é felicidade, pois cada pessoa tem a sua própria definição, mas o caminho para sair da zona de sofrimento e encontrar a felicidade se encontra em três passos, segundo ensinamentos budistas:

1. amar a si mesmo;
2. amar o próximo como ama a si mesmo;
3. ter uma visão correta da realidade.

Muitos estudos de diversos psicólogos citam sempre alguns aspectos necessários para a satisfação do ser humano. Há uma grande pergunta por trás desses estudos que é: buscar crescimento é uma característica inata do ser humano ou precisa ser estimulada? Com base nessa pergunta, os estudiosos Edward L. Deci e Richard M. Ryan desenvolveram a teoria da autodeterminação. Ela pode ser definida como "teoria da autoescolha". Resumindo-a, eles comentam que fazemos porque queremos fazer. Segundo essa teoria, o ser humano tem uma tendência natural de autonomia, ou seja, integração interna: estar no controle da própria vida e agir em harmonia com o seu eu interior. Essa necessidade é especialmente importante pois influencia as demais. Podemos afirmar que, para colocarmos em prática a autonomia, é necessário um alto grau de autoconhecimento.

"Homonomia, que nada mais é que a integração com os outros ou se inserir no meio em que vive", segundo Edward L. Deci e Richard M. Ryan.

Ainda seguindo essa teoria, baseado nos dois aspectos naturais do ser humano, existem três necessidades básicas que fortalecem o estado de funcionamento:

1. a autonomia por si só, como já explicado;
2. a competência, que é a capacidade que temos de lidar de maneira eficaz com o meio que nos cerca; e
3. o relacionamento, que é o desejo de conectar-se com as pessoas e fazer algo em benefício dos outros.

O primeiro ponto para atingir o máximo de nossa capacidade como ser humano, e conforme todos os casos citados, é o amor-próprio ou autoconhecimento. Há uma forte sugestão para que tudo se inicie em nós mesmos. Assim também ocorre no cristianismo, quando Cristo diz aos seus apóstolos que o principal mandamento que eles tinham de guardar era o de amar o próximo como se ama a si mesmo. Como saberemos amar o próximo se não soubermos amar a nós mesmos?

Amar a nós mesmos é o primeiro passo para que possamos colocar o primeiro pilar de nossa vida em pé. Se não gostarmos de nós mesmos, possivelmente não teremos o desejo de fazer bem a nós mesmos; logo, sem fazer bem a nós mesmos, como vamos fazer bem a algo ou alguém? Jamais contribuiremos para a humanidade. **Amar a si mesmo é o primeiro passo importante em busca da felicidade e de sair da zona de sofrimento.**

À medida que iniciarmos o processo de autoconhecimento e amor-próprio, vamos entender que cuidar de nossa saúde e alimentação e cuidar do nosso corpo é um passo primordial para desenvolvermos amor-próprio. A execução desse processo é relativamente simples, mas, ao mesmo tempo, demorada e desafiadora. Resume-se em abandonar tudo o que nos faz – ou pode nos fazer – mal e cultivar o que nos faz bem. Processo simples, mas para entendermos o que nos faz bem ou mal de uma forma sincera é preciso de muito esforço, autoconhecimento, entendimento lúcido das situações e clareza plena dos fatos. Existem muitos inimigos que se passam como amigos, como as drogas ou as bebidas alcoólicas.

O processo de cuidarmos de nós mesmos antes de cuidarmos do próximo é básico. Não podemos entregar ao outro o que não temos. Este é um princípio que pode ser visto em situações simples de nosso dia a dia ou até mesmo em apresentação de sobrevivência em voos em caso de despressurização da cabine. Quando ocorre a apresentação sobre emergência em voos, podemos observar que sempre é enfatizado que primeiro devemos vestir a máscara de oxigênio em nós mesmos e somente após isso devemos colocar a máscara no nosso vizinho ou familiar. Isso acontece porque se não tivermos oxigênio não seremos capazes de pensar e proporcionar oxigênio ao próximo, ainda que sejam nossos pais ou nossos filhos.

Para que possamos ser felizes, segundo estudiosos, espiritualistas, mestres, gurus e psicólogos, devemos usar ao máximo nossa capacidade como ser humano. Para isso, devemos contribuir em prol da humanidade, caso contrário seríamos consumidos pelo nosso desejo de autossatisfação e egoísmo. Só conseguimos entregar ao próximo aquilo que temos, e, portanto, para amar o próximo devemos ter amor-próprio. Quando o temos, sentimos a necessidade de nos relacionarmos para entregar este amor farto que está dentro de nós mesmos. Isso ocorre de forma automática.

O segundo ponto para que o ser humano possa se sentir pleno é amar o próximo. Quando estivermos exauridos de amor-próprio, pleno, sincero e verdadeiro, automaticamente sentiremos necessidade de partir para o segundo ponto de desenvolvimento do amor, que é amar o próximo. Esse é o processo natural do ser humano, que é coberto de fraternidade e compaixão. Nesse processo, desenvolvemos generosidade, moralidade, paciência, esforço, fraternidade, entusiasmo, concentração e sabedoria. Esses conhecimentos serão potencializados visando aumentar as nossas qualidades para que possamos ajudar o próximo. Como já dito, este foi o ensinamento destacado por Cristo aos seus apóstolos: "Amarás o teu próximo como a ti mesmo".

Esse também é o princípio de outros ensinamentos espirituais, como o processo budista de desenvolvimento de amor ao próximo, o processo do espiritismo e de quase todas as ligações espirituais que conhecemos, além de muitos estudos da psicologia moderna. Podemos, com isso, concluir que devemos inicialmente nos autobeneficiar, gostar de nós mesmos e nos cuidar, para então beneficiar ao próximo; porém de nada adianta cuidarmos de nós mesmos e desenvolvermos um sentimento egoísta. Tanto Viktor Frankl quanto o estudo de autodeterminação ou teoria da autoescolha, já explicado em parágrafos anteriores, mencionam que a necessidade de interagir com o próximo vem em segundo plano. Frankl, em suas teorias, menciona sobre encontrar alguém ou encontrar algo que faça a vida ter um sentido ou um propósito, enquanto a outra teoria, segundo os autores Edward L. Deci e Richard M. Ryan, menciona relacionamento e ações para gerar benefício ao próximo, se sentindo assim conectado com as pessoas.

Albert Einstein também comentou que o maior propósito do ser humano é contribuir com o meio. Senão essa, qual outra razão para as pessoas viverem?

Quando fazemos algo pelo outro, entregando o amor verdadeiro, criamos um processo chamado de equanimidade. Não conseguimos mais distinguir se estamos fazendo o bem para nós mesmos ou para o outro. Tudo se torna uma coisa só. Sendo assim, quando fazemos algo para nós mesmos, também estamos fazendo pelos outros, e quando estamos fazendo para os outros, também estamos fazendo para nós mesmos. Estamos todos conectados, e isso será mais aprofundado ao longo do livro.

Ao iniciarmos a ajuda às pessoas que amamos de maneira genuína, damos início também ao processo de plenitude como ser humano. Esse processo, quando alcançado, gera o estado de felicidade. Exemplificando, imagine que esteja vivendo um evento de prazer, fazendo algo que lhe traga muita alegria, como uma confraternização com amigos. Nesse mesmo momento, uma pessoa que você ama está precisando de sua ajuda. Imagine que essa ajuda tem que ser imediata, como salvá-la de um incêndio. O que é mais difícil para você? Vivenciar seus momentos de prazer sem ajudar a pessoa que ama ou abandonar o que lhe proporciona prazer para ajudá-la? Se o mais difícil for ajudar a pessoa, provavelmente você não a ama o suficiente ou está vivendo em uma vida de extremo egoísmo. Mas caso a resposta for o prazer, que possivelmente é a resposta da maioria das pessoas, então o sacrifício é ficar no prazer. Ajudar não será nenhum sacrifício, mas sim um ato genuíno, sincero e que fará bem a você mesmo.

O terceiro ponto para buscarmos equilíbrio e excelência como ser humano é ter uma visão mais correta da realidade. Esse ponto será mais bem desenvolvido adiante, porém, apenas para dar uma introdução ao assunto, é interessante comentar que a nossa realidade é, muitas vezes, turva. O que enxergamos são apenas ilusões e em grande parte do tempo condicionamos valores para bens materiais ou para situações efêmeras que não nos levarão a lugar algum. Isso nos leva ao apego, ao egoísmo e, consequentemente, ao sofrimento.

Não há dúvida de que a distorção dos valores e o fato de enxergarmos a realidade de forma turva nos bloqueiam quando falamos de autoconhecimento, e tal bloqueio nos mantém mais distantes de nosso amor-próprio. Criamos atividades para nós mesmos baseados em uma visão turva; assim, quando enxergamos a realidade, muitas vezes é tarde demais, e o que muitas vezes nos resta é o arrependimento. Esse assunto será mais bem explicado nos pilares de ocupação e espiritualidade, terceiro e quarto pilares consecutivamente.

Os pilares sugeridos neste livro para uma vida plena foram baseados em diversas observações, estudos, artigos e livros que estudam a nossa trajetória. Assim como a ONU elegeu alguns dos pilares para representar o ser humano, ou a estrutura do ser humano, e o IDH é baseado em uma medida que seja capaz de avaliar uma sociedade com elementos que são comparáveis, os elementos deste livro também são pilares comparáveis e transcendentes a todas as sociedades, bem como cultura, valor, etnia, nacionalidade ou raça; são comuns entre todos, e o equilíbrio deles vai nos levar ao estado pleno de felicidade.

O universo do ser humano é composto de matéria, mente e espírito; portanto, tudo deve ser equilibrado para que exerçamos nosso funcionamento pleno e otimizado. Felicidade é o que todos nós buscamos e é um alvo em todas as sociedades; logo, uma busca permanente e comum a todos.

Assim, considerando as condições em que vivemos e as leis do universo, apresentaremos neste livro quatro pilares.

O primeiro pilar da nossa vida é o **pessoal**. É a nossa relação com a gente mesmo. De que modo tratamos nosso corpo, nossa alimentação, nossa mente e como buscamos nosso propósito de vida. Este é um pilar individual e único para cada ser humano. Ele tem três bases:

1. físico;
2. emocional; e
3. intelectual/mental.

O segundo pilar da nossa vida é o pilar do **relacionamento**. Todos os seres humanos foram feitos para se relacionar. Até mesmo os eremitas em algum momento tiveram algum tipo de relação com outro ser humano ou então eram convidados por uma força maior a voltar a viver em sociedade. Assim aconteceu com muitos sábios e mestres, como Jesus, Buda, Benito de Núrsia, entre outros que serão citados ao longo deste livro. Esse é o pilar social. Trata-se do eu posicionado em uma sociedade, ou em um relacionamento, seja ele de trabalho, de família ou de qualquer outro que envolva duas pessoas. É o pilar do eu social.

O terceiro pilar é o da **ocupação**. Podemos também mencionar aqui o pilar de trabalho, bens materiais e nossa relação com as coisas do mundo, como dinheiro, ambição e egoísmo. Refere-se a como enxergamos o mundo material e como ocupamos a nossa vida em busca de meios materiais ou satisfação com a utilização de nosso máximo potencial de ser humano. Este pilar tem alguns desdobramentos:

1. ocupação — como ocupamos o nosso dia a dia;
2. utilização da capacidade máxima como ser humano, visando nos sentirmos produtivos e plenos; e
3. relação com bens materiais e finanças.

Não podemos esquecer que vivemos em um mundo material, em que precisamos comprar e negociar bens materiais todos os dias, e também em que precisamos nos ocupar com atividades sociais. As nossas atividades modernas, obviamente, são completamente diferentes das atividades de nossos antepassados, que apenas caçavam e viviam em torno da natureza que os cercavam, sempre com muito esforço físico e alimentação nada industrializada.

Por último há o pilar da **espiritualidade**, ou podemos chamar de energético ou até mesmo científico, para os que acreditam apenas na ciência. O ponto aqui não é entrar no aspecto religioso do tema, afinal todos acreditam em uma força maior, seja ela chamada de Deus, de energia ou de ciência. Este pilar é o que alimenta nossa esperança e nossa alma, que origina nossa vida e que nos guia, eticamente falando. É ele o que nos gera compaixão e nosso verdadeiro poder como ser humano, composto de nossas crenças espirituais, origem de nossa vida, pré-nascimento e destino após a nossa morte.

Voltando à analogia sobre a mesa e seus quatro pilares: sem um deles, a mesa continuará em pé desde que esteja apoiada nos outros três pés com equilíbrio. Contudo, sabemos que a mesa apoiada em apenas três pés não é algo sustentável. Provavelmente os três pilares remanescentes carregarão mais peso do que deveriam ou para o que foram projetados. Com os seres humanos acontece o mesmo: podemos ter momentos em nossa vida que um ou outro pilar possa estar menos ou mais estruturado que os outros, porém a sabedoria de nossa vida é buscar o equilíbrio nos quatro pilares e viver de forma harmoniosa.

Cada pilar será transcorrido nos capítulos a seguir, mas lembre-se de que quanto mais harmonioso(a) você estiver com os aspectos de sua vida, mais próximo(a) do estado de felicidade estará.

PILAR PESSOAL

Eu vivendo comigo mesmo(a), me dou bem ou me dou mal? Quem sou eu?

Existe uma boa reflexão que vale a pena termos: se você tivesse de ser pai ou mãe, namorar, casar e ter filho com você mesmo(a), você seria um bom filho, namorado ou marido (ou uma boa filha, namorada ou esposa)? Se você fosse seu próprio pai, seria um bom pai (ou mãe)? E se você fosse seu próprio filho (ou própria filha), como seria? E se você tivesse que se contratar, você o faria para uma posição como funcionário(a)? Como você é como funcionário(a) ou chefe?

Faça uma autocrítica e pense como poderia ser ainda melhor. Essas são perguntas simples que dificilmente fazemos para nós mesmos. Como exercício, coloque os papéis dessas perguntas em uma tabela e destaque-os ao longo da vida. Antes disso, pense como você é com você mesmo(a). Como trata o seu corpo, sua mente e sua alma? Como cuida de você mesmo(a)? Você se conhece o suficiente para responder a essas perguntas? Se não, vamos ver como podemos nos conhecer melhor durante este capítulo.

O pilar pessoal é a relação que temos com nós mesmos. Muitas pessoas possuem dificuldades para responder a algumas perguntas simples sobre esse pilar, como: "Quem sou eu? Qual o meu propósito de vida? O que faço da minha vida? De onde vim e para onde eu vou?", e outras perguntas que muitas vezes não têm respostas, mas as respostas são o ponto menos importante aqui. O essencial é entendermos a nossa relação com nós mesmos por meio das perguntas e pensarmos a respeito. O objetivo após este capítulo é aumentar nosso amor-próprio e aprender a nos amar mais do que absolutamente tudo neste mundo, pois só conseguimos entregar aquilo que de fato possuímos.

Uma pergunta importante aqui é: "Como é a minha relação comigo mesmo(a)?".

Ao iniciarmos um processo de autoconhecimento, muitas vezes ainda na adolescência, temos perguntas simples de serem respondidas. Essas perguntas muitas vezes são relacionadas ao nosso mundo material, como: "Onde vivo? O que quero ser quando crescer? Com o que vou trabalhar?". Isso é, sem dúvida, um princípio de autoconhecimento, mas à medida que a vida vai avançando, que o nível de procura por um propósito de vida aumenta ou que iniciamos um processo de despertar para a vida, esta busca por respostas também se eleva e então começamos a pensar em perguntas mais complexas, como: "Por que estou aqui? O que devo fazer para ser feliz? O que me faz feliz?". E a pergunta principal que devemos nos fazer é: "Qual é o meu propósito de vida? Ou, podemos dizer, qual o meu chamado da alma?".

Para ter respostas profundas, é necessário um nível acima da média de autoconhecimento. Autoconhecimento é um dos pré-requisitos principais para desenvolvermos os pilares do ser humano. Esse assunto já vem sendo discutido desde o início das civilizações. Na Grécia antiga já existia o Oráculo de Delfos, e dentro do oráculo já existia a frase "Conhece-te a ti mesmo". Não se sabe a origem da frase, mas provavelmente vem do antigo Egito, juntamente com a mentalidade e a cultura local da época.

Essa frase pode ser explicada também, segundo a enciclopédia *Suda*, a primeira do mundo, surgida em Constantinopla no século X, como tentar superar os próprios limites. Mas, para ultrapassarmos o que somos, devemos antes nos conhecer e descobrir os nossos limites. O que somos e quem somos?

Buscamos o nosso autoconhecimento desde o nosso nascimento, nos descobrindo e entendendo os nossos limites, pessoais e de nossas relações. Podemos ficar apenas nas perguntas básicas, aquelas relacionadas com a vida material, mas ao aprofundar conceitos mais filosóficos ou mais profundos do ser humano, podemos nos deparar com a pergunta sobre o sentido da nossa vida: "Por que fazemos o que fazemos?". Os níveis de autoconhecimento são sempre em camadas e, dependendo do nosso grau de evolução, buscamos um nível mais elevado de autoconhecimento.

Ao comentar a frase "Conhece-te a ti mesmo", podemos entender que existem três níveis diferentes de autoconhecimento: nosso **eu físico** — corpo; nosso **eu emocional** — padrões mentais e afetivos; e **nosso intelecto** ou mente, que podemos chamar de nossa natureza. Conhecemos muito pouco sobre a nossa origem de pensamentos e nosso intelecto, ou seja, nosso **eu mais profundo e o tamanho da nossa grandiosidade**.

Há também uma atualização da frase "Conhece-te a ti mesmo": "Conhece-te a ti mesmo e conhecerás os deuses e o universo". Esta frase é mais completa e mais moderna. Diante dela e com uma vertente mais filosófica, podemos introduzir os conceitos que levaremos adiante ao longo do livro: o "Todo" e o "Uno".

O ser humano é uma célula do universo, e por isso pertencemos a um plano que está acima de todos nós, ou melhor, somos parte integrante deste plano. O ser humano é uma célula da natureza e é parte integrante do "Todo", ou parte integrante do plano de Deus, da ciência ou de qualquer outra nomenclatura que queiramos utilizar.

Considerando que:

- núcleo, mitocôndria e membrana plasmática, entre outras composições explicadas pela ciência, formam uma célula;
- um conjunto de células forma um órgão do nosso corpo humano, sempre conectado por algum líquido, como sangue, ou por alguma outra maneira que a Biologia explica melhor;
- um conjunto de órgãos forma um sistema, que também é conectado por líquido;

- um conjunto de sistemas, como respiratório, cardiovascular, circulatório, reprodutor, esquelético, digestivo, entre outros, forma o nosso corpo humano;
- um conjunto de corpos forma uma família, e então são conectados por afeto, cultura, amor, entre outros sentimentos;
- um conjunto de famílias forma muitas vezes uma sociedade, que é conectada por uma cultura ou uma crença;
- um conjunto de algumas sociedades forma uma cidade, que é conectada também por cultura, crença e propósito de crescimento do município;
- um conjunto de cidades forma um estado;
- um conjunto de estados forma uma região (as regiões são conectadas por culturas distintas, crenças ou por ideais);
- um conjunto de regiões forma um país;
- um conjunto de países forma um continente;
- um conjunto de continentes forma o planeta, e tudo isso conectado de alguma forma.

Em nosso caso, somos conectados, sob o ponto de vista da matéria, pelo ar que respiramos. Também podemos considerar que somos conectados pela consciência coletiva no sentido abstrato. Além de ligações por ondas, como as de comunicações ou as elétricas.

Também somos ligados por culturas distintas e buscamos conhecer essas culturas para ampliarmos nosso conhecimento.

Somos ligados pelo tempo com sociedades como as do Egito antigo, os maias, os incas, os astecas, entre outros.

Também somos conectados por movimentos, como vegetarianos ou veganos, ou mesmo movimentos de preservação ambiental, como o Greenpeace.

Existem muitas ligações em nosso mundo, e as conexões são infinitas. No capítulo sobre o quarto pilar, detalharemos essas conexões.

Se extrapolarmos esse pensamento para o universo, não terá limite. Os planetas continuam essa escala de crescimento, e assim formam as galáxias, que possivelmente não conhecemos, até chegarmos em todo o universo, que tende ao infinito.

O ser humano é uma célula do universo, mas todo o universo é conectado de alguma forma; sendo assim, o ser humano é parte integrante de todo o universo consolidado. Tudo que vemos, ouvimos ou sentimos está dentro de nós mesmos.

Para exemplificar esta teoria, analisemos o som dos objetos. Tudo tem som, mas se não mentalizarmos o som, nada tem som. O som é o que escutamos, mas não escutamos o som de tudo. Escutamos os sons cujas ondas são possíveis de serem escutadas por nossos ouvidos. Logo, o som que escutamos não está em quem emite o som, mas sim dentro de nossos ouvidos. Esse fenômeno pode ser explicado por meio de uma escala de escuta, como a seguir:

1. Partimos do som que é emitido pelo objeto. Tudo tem um som, mas nem sempre somos capazes de escutar.
2. Precisamos do sentido da audição para escutar o som. Alguns seres humanos não têm esse sentido e outros têm mais aguçado.
3. Quando o som entra em nossos ouvidos, temos a mentalização do som, ou seja, o entendimento cerebral dele.
4. Após a mentalização do som, temos a valorização do som: "Gosto ou não gosto", "Me faz bem ou não", "Entendi o som ou não entendi", "Conheço ou não conheço esse som".

O mesmo acontece com os sentimentos e os sabores.

Isso demonstra que tudo é interpretação nossa e que tudo não passa de uma ilusão de acordo com os nossos valores internos. Tudo está dentro de nós, inclusive o som, o sabor ou o sentimento por algo. Tudo é interpretação nossa de acordo com a nossa capacidade humana.

O ser humano é parte integrante de tudo. É parte da natureza, do universo e de tudo que é produzido. Somos todos uma coisa só. Se pensarmos que o todo que há no universo é a soma de tudo o que existe, somos uma parte integrante deste grande sistema que interliga tudo e que nos proporciona uma interdependência única de tudo que está ao nosso redor, porém ao mesmo tempo somos apenas um ser humano, em outras palavras, o Uno. Sendo assim, podemos afirmar que o Todo é a soma de todos os Unos, ou seja, somos uma célula do mundo, mas a nossa soma, como parte individual integrante, faz o Todo. Este é o grande mistério da unidade, que é o grande mistério da ciência ou de Deus para aqueles que acreditam. Quando o ser humano descobre este mistério, ele descobre tudo. Tudo está dentro dele mesmo. O segredo do universo está dentro de nós. Nosso grande desafio é revelarmos esse segredo para nós mesmos.

Todo esse movimento é marcado por duas grandes regras universais:

1. Nada é eterno: absolutamente tudo é impermanente.
2. Tudo está em eterna evolução: tudo e todos estão em crescimento e em mutação, inclusive nós mesmos.

O ser humano é parte desse padrão da natureza e, como somos parte integrante da natureza, estamos em constante evolução. Nada será eterno, inclusive a nossa vida, que tem duração a cerca de oitenta anos, mas podendo chegar a mais de cem anos. Com base nesses argumentos, a consciência de quem somos por meio do autoconhecimento nos levará a um nível mais evoluído. Sabemos bastante sobre o nosso eu biológico e também sobre o nosso eu emocional, mas ainda temos muito o que percorrer sobre o nosso verdadeiro Eu. Sabemos muito pouco sobre quem realmente somos.

Alguns seres humanos ainda estão na fase zero de conhecimento e consciência e têm dificuldade de saber até mesmo sobre o eu biológico. Essas pessoas não cuidam nem do seu corpo. Ainda estão no plano básico de ser humano que só se importa em ter prazer, procriar e sobreviver.

Nosso modelo de vida moderno atrelado à nossa cultura consumista muitas vezes nos leva a conhecer melhor nosso eu externo, mas não temos a cultura de olhar e desenvolver o nosso eu interior.

Temos uma cultura que contribui para a evolução racional e tecnológica, mas que ignora nosso potencial humano e quem realmente somos, como parte integrante do todo com um papel importantíssimo, que é o de contribuir com o mundo ao nosso redor.

Como podemos nos autoconhecer? Como diria Carl Young, é mais fácil levar um homem à Lua do que a uma viagem para dentro de si mesmo. Assim está nossa sociedade moderna. Levamos o homem à Lua, ao universo, ao avanço da medicina, ao desenvolvimento de tecnologias capazes de clonar ovelhas, mas não para dentro de si mesmo. Não somos capazes de olhar para nós mesmos e nos portarmos como seres humanos, com compaixão e sabedoria. Não desenvolvemos tecnologia para acabar com a miséria, com a fome ou com o sofrimento de boa parte da sociedade.

Quando buscamos conhecer algo, o melhor caminho é por meio da leitura ou do estudo. Estudamos um assunto sob o ponto de vista de quem escreveu ou de quem está lendo. Ler e estudar são formas de buscarmos o autoconhecimento, mas provavelmente ficaremos na superficialidade, pois os pontos de vista são construídos com base na experiência de cada um. Para buscarmos o profundo conhecimento de nós mesmos, a melhor ou a única forma é mergulharmos em nosso íntimo, buscando viver a nossa realidade e nos atentando aos nossos próprios valores.

É possível criar o hábito de nos perguntarmos quem somos diariamente. De acordo com nossas respostas, podemos ter uma ideia disso. Podemos buscar respostas em nossa intuição. As suas intuições são mais positivas ou negativas? Como você enxerga o mundo? Com otimismo ou pessimismo? Estas perguntas vão buscar respostas em nosso núcleo e nos darão uma grande ideia de quem realmente somos. O nosso núcleo é o fator comunicador entre o nosso eu físico e o nosso Eu maior.

A nossa intuição é a comunicação do nosso eu físico, ou corpo, com o nosso Eu superior. Se nos entregarmos à nossa intuição, vamos nos entregar ao nosso eu natural e assim nos entregaremos para a vida de uma forma mais essencial e mais agradável. Viveremos a vida com mais profundidade, entrega, intensidade e autenticidade. Superaremos nossos próprios limites e encontraremos o mistério da vida que há dentro de cada um de nós.

A sabedoria está em encontrarmos nós mesmos, tirarmos os excessos, apararmos as arestas e entrarmos em um estado de purificação para descobrirmos nossa autenticidade, nosso eu verdadeiro e nossa naturalidade. Tirarmos as nossas fantasias e nossas máscaras e começarmos a ser quem realmente somos de verdade. O nosso verdadeiro eu. Esse é o caminho da grande descoberta. Nossos pilares nascem com esta grande pergunta: Quem somos nós afinal?

Ao observarmos todas as questões do ser humano, podemos focar em três principais aspectos de nós mesmos:

1. nosso eu físico — corpo;
2. nosso eu emocional — coração e sentimentos; e
3. nosso eu intelectual — mente.

No livro *Caibalion*, escrito em 1908 por um autor desconhecido que afirma ter tido os ensinamentos de Hermes Trismegisto, ou seja, as leis herméticas, existe um conceito que pode ajudar na explicação. Imaginemos o ser humano como um pote de vidro com uma rolha o tampando. O corpo físico é o pote, que está guardando a nossa alma, e está tampado pela rolha, que seria nossa psique (mente inferior e emoções). Quando a rolha decidir sair, o espírito deixará o pote vazio e então só sobrará a matéria que nos foi emprestada e que irá voltar para a origem, a natureza. Quando a mente padece, a rolha sai do pote, o espírito deixa o corpo, e então não sobra nada além da matéria, ou seja, um pote vazio.

NOSSO EU FÍSICO — CORPO

Quando se fala de vida plena e de ser humano de alta *performance*, é preciso ter os quatro pilares equilibrados (pessoal, de relacionamento, ocupacional e espiritual). Portanto, se o aspecto "corpo" não estiver equilibrado no pilar pessoal, ainda restarão os aspectos emocionais e intelectuais que envolvem este pilar, porém com uma certa limitação devido ao aspecto físico. Por isso, o cuidado com o nosso corpo é essencial.

O nosso corpo é a morada de nossa alma, portanto devemos cuidar dele como uma peça de roupa ou algum objeto que nos é emprestado e que teremos que devolver intacto. O cuidado com o corpo é o primeiro passo para que possamos nos manter equilibrados. Veremos que todos os cuidados estão interligados, pois há uma forte relação de interdependência entre eles.

Caso queira se certificar de que o corpo é a morada da alma, é fácil. Apenas observe um corpo sem uma alma. Ele vira uma matéria, a qual chamamos de cadáver, sem o sopro da vida. É uma matéria com prazo de validade e que começa a ficar debilitada ao longo do tempo, apresentando suas falhas e muitas vezes causando dores.

O nosso corpo é criado por um processo perfeito e gerado pelo mais alto nível de relacionamento entre duas pessoas, com prazer e amor (claro que não estou tratando de métodos distintos de fertilização e sim falando apenas do método tradicional de nossa natureza).

A geração de nosso corpo é um dos atos mais belos da natureza. Passamos por transformação desde o primeiro minuto de vida até o último suspiro, sempre buscando uma evolução no sentido espiritual e uma regressão no sentido físico. Nosso corpo é o primeiro a nos mostrar que, a partir do marco zero da vida, iniciamos nossos passos em direção à transição, ou seja, à morte.

Nosso único dever com o nosso corpo é cuidar dele como um bem emprestado. Ele é um empréstimo e devemos dar atenção a ele, inclusive para não termos problemas físicos ao longo de nossa jornada. Alimentação e exercício físico são cuidados primordiais para mantermos esta base do pilar saudável. Além disso, uma boa qualidade de sono também é primordial.

Nosso corpo precisa de cuidados básicos e tem uma capacidade imensa de se adequar aos cenários que enfrentamos ao longo da nossa jornada. Facilmente nos adaptamos a tudo que nos submetemos. Somos muito resilientes, mas pouco nos atentamos à nossa capacidade de adaptação. Tratando-se do ser humano, a resiliência pode ser vista como física e psicológica; ela é a força ou capacidade de lidar com problemas, ajustar-se a mudanças, superar obstáculos, ou resistir a pressões adversas.

Resiliência física — capacidade do corpo de adaptar-se a desafios crescentes, mantendo a estamina e a força diante das demandas. Mais resistente a estresse e a doenças. É garantida com hábitos saudáveis.

Resiliência psicológica — habilidade de adaptar-se positivamente a situações estressantes e adversas da vida. Pessoa mais forte e mais competente. É uma característica de quem leva a vida com humor, apesar das perdas.

Nossa alimentação

Nosso corpo merece muitos cuidados, começando pela nossa alimentação. Este é o primeiro cuidado que devemos ter. Nosso organismo é muito sábio de sobreviver não com o que comemos, mas sim com o que absorvemos do que comemos. Isso vale não somente para a alimentação, mas para todos os nossos sentidos. Os excessos são sempre indesejáveis e acabam sendo influenciadores de uma saúde ruim. Sem saúde não conseguimos focar nos próximos pilares da vida e, consequentemente, a falta de saúde gera uma vida mais limitada.

Segundo a OMS,[1] cerca de 1,9 bilhão de pessoas está com excesso de peso, sendo que, dessas, aproximadamente 650 milhões são consideradas obesas. Isso significa que 1 a cada 2,5 adultos está acima do peso e 1 em cada 8 adultos é considerado obeso. Segundo a OMS, o número de crianças e adolescentes com idade de 5 a 19 anos acima do peso ou com obesidade cresceu de 5% em 1975 para assustadores 18% em 2016. Apesar do avanço da medicina em busca da cura de muitas doenças, como aids e câncer, a obesidade já está sendo apontada pela OMS como a segunda *causa mortis*, perdendo apenas para doenças associadas ao tabagismo.

---

1. Pesquisa realizada em março de 2020. Disponível em: https://www.who.int/news-room/fact-sheets/detail/obesity-and-overweight.

O avanço da indústria alimentícia e dos ingredientes sintéticos, ou ingredientes mais baratos visando apenas à redução de custo, estão contribuindo fortemente para esse cenário. Gorduras saturadas, gorduras transgênicas e o sódio (sal) são grandes vilões para o nosso organismo e para o nosso corpo, além, é óbvio, do estilo de vida sedentário que levamos.

Devemos colocar dentro de nosso organismo apenas o que nos faz bem, o que nos nutre e o que nos dá energia. Com o avanço da vida moderna e com o acúmulo de atividades que colocamos em nosso dia a dia, temos cada vez menos tempo para comer corretamente, ou mesmo para preparar a nossa própria comida, e então entra o *fast-food*. Acabamos cedendo às tentações das opções da alimentação moderna, menos nutritivas e muitas vezes menos saudáveis. Isso se dá pelo estilo de vida atual e pela ausência ou escassez de tempo a que nos impomos. Um dia isso será cobrado de nosso corpo.

Hoje em dia é muito difícil encontrar famílias que fazem as refeições em casa de forma equilibrada e preparada com ingredientes naturais e saudáveis, especialmente em grandes centros urbanos. As famílias já não têm mais o costume de preparar as alimentações em suas residências, e os sistemas de *delivery* são cada vez mais utilizados.

Se analisarmos a nossa alimentação ao longo do tempo, veremos que por mais de 30 milhões de anos vivemos com o que a natureza era capaz de prover. Antigamente vivíamos como nômades e era preciso caçar todos os dias e consumir o alimento rapidamente antes que ele estragasse, pois não havia conservantes (a não ser os conservantes naturais que foram descobertos após a era da caça). Comia-se o que era encontrado na natureza, como frutas, vegetais e carne. Somente com a grande descoberta do povo sumério, que viveu na costa do rio Nilo por volta de 6 mil anos antes de Cristo, que a agricultura começou a ser dominada e o ser humano deixou de ser nômade. Isso foi um grande divisor de águas na história da humanidade, pois reduziu a mortalidade devido à ausência de viagens constantes, e, claro, como consequência, houve o aumento da taxa de natalidade. Também foi possível a criação de sociedades permanentes, pois já era possível dominar a natureza e não era mais necessário ir à caça para uma boa alimentação.

A alimentação não teve muita influência da indústria até aproximadamente os anos 1800. Com a Revolução Industrial e com o crescimento da população mundial, foi necessário desenvolver a indústria de alimentos, e isso causou uma grande revolução na maneira de nos alimentarmos. Hoje em dia dependemos fortemente da indústria alimentícia e comemos uma quantidade exagerada de sódio, gorduras e outros ingredientes e conservantes que o nosso organismo nem sequer conhecia antes da industrialização.

A alimentação é o primeiro grande cuidado que devemos ter com nosso corpo, nos atentando para quais alimentos estamos ingerindo e como isso pode contribuir para nossa saúde e para manter nossa morada da alma, a qual nos foi emprestada para vivermos.

Cuidado com o que é ingerido, pois os alimentos vão diretamente para dentro de você. Este é o primeiro cuidado que devemos nos atentar para mantermos um equilíbrio.

Nossa atividade física

O segundo cuidado que temos que ter com o nosso corpo é o da prática de exercício físico. Como já comentado, antigamente todos os dias era feita a caça e a colheita. Quando o conhecimento sobre a natureza e a agricultura aumentou, o ser humano passou a trabalhar no plantio e na lavoura, o que todos sabem que se trata de um trabalho braçal, físico e de muitos movimentos. Até o começo de 1800 (início do século XIX), apenas 3% da população mundial vivia em área urbana. Nossos ancestrais, até então, trabalhavam forte e duramente para poder colher o próprio alimento. Durante meados do século XIX, ou seja, na Segunda Revolução Industrial, 15% da população mundial já vivia em grandes centros urbanos. Atualmente, esse número chega a cerca de 54%, segundo o Departamento das Nações Unidas para Assuntos Econômicos e Sociais (Desa), sendo que, em alguns países, esse valor atinge mais de 90% da população, como é o caso da Bélgica, com cerca de 98% da população vivendo em áreas urbanas. Já na Ásia e na África o índice de urbanização é abaixo da média mundial.

Segundo a ONU, em 2050 devemos ter 66% da população mundial vivendo em grandes centros. Isso obviamente nos traz muitos progressos, mas também mudanças significativas em nosso estilo de vida, alterando significativamente a produção agrícola e a industrialização de produtos. Temos muitos empregos sendo gerados em prestação de serviço, e não na indústria e agricultura, o que pressupõe trabalhar, na maior parte do tempo, em um emprego que não exige esforço físico em comparação com o trabalho agrícola. Além do emprego, também temos mudanças nos meios de locomoção: usamos muito mais carros, aviões, trens e metrô. Há também uma mudança no uso do tempo: em grandes centros ele é consumido no trânsito e em outros ambientes onde não há esforço físico, como reuniões e filas.

Com todas essas informações, fica claro que deixamos de mover o nosso corpo como era feito antigamente, e a alternativa que temos nos grandes centros é a prática de atividade física.

O exercício físico como conhecemos atualmente é uma invenção relativamente moderna, que começou por volta dos anos 1970. Antigamente o ser humano não tinha a necessidade de se exercitar, pois tinha-se uma vida menos sedentária e repleta de movimentos na rotina. Dez mil anos antes de Cristo, se o ser humano não se movesse para caçar, ele simplesmente morreria de fome. Era uma questão de sobrevivência. Além disso, existia a obrigação de se produzir armas para atacar e se defender, sobrevivendo em um ambiente hostil e naturalmente cercado de riscos naturais, com predadores e inimigos.

A vida em zona urbana ignora todo o estilo de nossos antepassados. Com a Revolução Industrial, deixamos de praticar exercício em nosso dia a dia e levamos uma vida muito mais sedentária. Desde a Era Glacial até meados do século XIX, de alguma forma aconteciam atividades que colocavam o corpo em movimento, como guerras, vida rural, atividades em geral e até formas de locomoção, que era mais a pé ou com uso de cavalo do que com o carro que usamos hoje em dia. Como toda a população urbana se tornou mais sedentária, houve um movimento de inicialização de exercícios, o que chamamos hoje de academia.

Os benefícios que o movimento do corpo causa em nosso dia a dia são vários:

- faz bem para corpo e mente — atinge o ser humano na sua totalidade, causando efeitos positivos no organismo, no aspecto físico e biológico, além de mental e emocional;
- aumenta oxigenação no cérebro — durante a prática do esporte, o organismo produz uma quantidade maior de oxigênio, que chega ao cérebro, causando um aprimoramento na função cognitiva e no raciocínio;
- estimula atividades cognitivas — por meio da mobilização de uma série de capacidades cerebrais, como a prática de exercício físico, aumentamos a agilidade e o raciocínio lógico, temos percepção mais clara, reflexos mais rápidos, entre outros;
- aumenta o colesterol bom e diminui o ruim — a prática de um esporte com uma frequência cardíaca mais elevada aumenta o índice de HDL (colesterol bom) e reduz o LDL (colesterol ruim);
- fortalece os ossos — a prática regular de atividade física aumenta a construção da massa óssea e fortalecimento dos ossos;
- melhora o sono — o corpo, durante a atividade física, gasta mais energia e precisa de um sono mais regular para recuperá-la;
- fortifica os músculos — como os músculos são mobilizados na prática de exercícios físicos, eles são fortificados e garantem melhor sustentação para o corpo;
- aumenta a capacidade cardiorrespiratória — aumenta o fôlego e o coração se torna mais capacitado a bombear o sangue.

A falta de exercícios físicos causa a perda de nossa capacidade corporal. Nossos músculos passam a ficar mais fracos e nosso organismo passa a se sentir mais cansado do que o normal, nos levando mais facilmente à fadiga. Com a vida sedentária, diminuímos a funcionalidade de nosso organismo, além de aumentar riscos de doenças como diabetes e hipertensão.

Além do enorme benefício para o nosso corpo, a atividade física também traz benefícios para a nossa vida social, devido ao fato de nos relacionarmos com outros esportistas para a prática da atividade.

A combinação de boa alimentação e atividade física já proporciona bem-estar e muita saúde, garantindo um cuidado merecido com a nossa morada da alma. Além disso, ambas contribuem com um sono leve e tranquilo, que também deve ser considerado em nosso dia a dia para garantir uma vida plena, com saúde e sem limitações.

Nosso sono

Outro fator primordial para o nosso cuidado é a boa qualidade do sono. Nesse momento nosso corpo recarrega as baterias para o dia seguinte. Em média, é preciso de aproximadamente oito horas de sono, mas isso pode variar de pessoa para pessoa. É quando dormimos que o nosso organismo, que tem a capacidade de se organizar, se reorganiza. Reduz o metabolismo, entra em estado de descanso e se recompõe para o dia seguinte.

Estudos dizem que um ser humano consegue ficar mais dias sem se alimentar do que sem dormir. Segundo Estudo do Centro de Controle e Prevenção de Doenças (CDC) dos Estados Unidos, a privação de sono já é um problema de saúde pública nas principais potências mundiais. A falta de sono leva à falta de concentração no trabalho e a mal-estar físico generalizado, como dores de cabeça e náuseas. Há também estudos que apontam que, para ter sucesso, você precisa cumprir as horas de sono de que seu organismo precisa. De acordo com o Departamento de Medicina de Harvard, qualquer melhoria de produtividade no curto prazo por acordar cedo ou se deitar tarde é rapidamente eliminada pelos efeitos prejudiciais da privação do sono no estado de ânimo, na capacidade de concentração e no acesso às funções cerebrais de nível superior durante os dias posteriores; ou seja, se dormir mal, sofrerá consequências mais tarde.

Além da falta de sono causar limitação de concentração e estresse, também afeta o humor. A sensação de sonolência leva a pessoa a sentir mais as emoções negativas. O estudo longitudinal "A privação de sono e o desenvolvimento das relações chefe-empregado", da Universidade de Indiana nos Estados Unidos, concluiu que dormir pouco diminui o carisma do líder e pode levar a comportamentos mais abusivos. A privação de sono também prejudica partes do cérebro envolvidas na regulação das emoções. O Instituto Californiano de Neurociências do Comportamento e Psicologia, em pesquisa feita em 2018, também chegou a esta mesma conclusão. Durante a pesquisa descobriu-se que a privação do sono nos deixa mais raivosos e mais suscetíveis a emoções reativas; mas, se dormirmos bem, paramos e processamos as emoções sentidas.

Com essas informações, concluímos que a nossa relação com colegas de trabalho e com pessoas em nossa vida pessoal pode ser afetada pela falta de sono. Devido a isso, um dos cuidados primordiais é deixar nosso organismo descansar e se reorganizar para que tenhamos equilíbrio. Sono é uma das necessidades de nosso corpo e fortalece o pilar pessoal.

NOSSO EU EMOCIONAL — CORAÇÃO E SENTIMENTOS

O pilar pessoal é composto de uma tríade de aspectos, sendo corpo, sentimento (emocional) e mente (intelectual). Como foi visto, cuidar do corpo nos ajuda muito a equilibrar nossos sentimentos e nosso coração. Dormir bem, alimentar-se bem e fazer atividades físicas contribuem para o nosso emocional e intelectual, pois, como não poderia ser diferente, tudo está ligado e tudo é interdependente.

Logo, o segundo nível de autoconhecimento que devemos cuidar, ainda dentro do pilar central pessoal, são os nossos sentimentos, ou nosso coração.

Quando menciono o coração, não me refiro ao órgão físico propriamente dito, mas sim à conotação que ele nos conduz, que é para o sentimento. O sentimento é muito importante, pois ele é a linguagem mais pura e mais verdadeira do nosso Eu maior, ou de uma força maior que a nossa. É a forma mais honesta de nos comunicarmos e é o que pode nos levar além de nossos sentidos.

Temos uma grande vantagem com relação aos outros animais, pois nós conseguimos sentir e também pensar. O sentir dos animais livra, muitas vezes, um predador de uma caça. Os animais sentem e isso faz com que tenham uma pureza única. Nós, seres humanos, não pensamos muito em nossos sentimentos. Pensamos muito na nossa intelectualidade, mas não em nossos sentimentos.

O sentimento é a linguagem da nossa alma. A comunicação por meio do sentimento não tem limitação. Mas quando nos comunicamos com palavras, nós colocamos limitação nesse tipo de comunicação e tentamos racionalizar tudo.

Se conseguirmos equilibrar nossos pensamentos com os nossos sentimentos, ficaremos mais próximos de um ser humano otimizado e com melhores resultados. Os sentimentos que temos ao longo de um dia são inúmeros, como raiva, ódio, gratidão, amor, compaixão, entre muitos outros. Devemos passar por mais de 100 sentimentos ao longo de um dia. Aqui serão mencionados os sentimentos mais importantes e que estão presentes em 100% das situações. Caso tenhamos consciência de utilizá-los, elevaremos a nossa *performance*, além de nos tornarmos mais equilibrados. São eles: intuição, amor e medo. Esses três sentimentos estão presentes em tudo que fazemos e nos levam a fazer o que fazemos em nossa vida.

Devemos aprender a nos atentar para o que sentimos, e o primeiro sentimento a ser destacado é a nossa intuição.

Intuição

A intuição é uma escuta ativa que temos com o mais profundo conhecimento de nós mesmos. É a voz da mais profunda sabedoria. A intuição é um sentimento que nos leva a nos arrepender e/ou sentir orgulho. Explicando um pouco melhor este conceito, aqui vai uma pergunta: quantas vezes em sua vida você fez algo de que posteriormente se arrependeu e comentou "eu estava com o pressentimento de que isso não iria dar certo", e no segundo imediato ao fato você se arrependeu de não ter escutado a voz da intuição? E quantas vezes em sua vida você fez algo contra tudo e todos e seguiu o seu pressentimento de que daria certo, e de fato deu?

Imagino que, de uma forma ou de outra, você deve ter se identificado. Você lembra qual foi o sentimento que teve em algum desses dois cenários? Tenho uma forte convicção de que o sentimento foi de arrependimento por não ter escutado a voz da intuição no primeiro cenário, e de orgulho de ter seguido a intuição e não ter escutado a voz dos outros no segundo cenário.

A nossa mente funciona com a razão e exclusão. Por exemplo, para explicar o sofá de casa, na mente, de forma racional, eu preciso dizer se é de dois ou três lugares — sendo que, se for de dois lugares, a mente exclui o de três —; se é um sofá retrátil ou não — e então, se for retrátil, a mente exclui o não retrátil —; qual a cor do sofá — pois ao dizê-la, a mente excluirá todas as outras cores —, e assim por diante. Sempre por exclusão, como funciona a nossa mente.

Com a intuição é o contrário. Ela nos faz entender pela soma de conceitos, e não pela exclusão. Pensamos em uma certa alternativa de sofá, e a intuição vem para somar aquilo que já pensamos a respeito. A intuição soma fatores, pois ela atua diferentemente da razão. Os sentimentos, quando bem gerenciados, vêm para somar, e não para dividir. Quando pensamos em um sofá, se ouvirmos a voz da intuição, ela soma ao que já existe. Ela é um sentimento, e não uma razão. Ela é muito eficiente na orientação em direção ao nosso centro ou ao nosso núcleo.

Outro exemplo é quando fazemos uma entrevista de emprego. Se nos perguntarem como fomos na entrevista, certamente saberemos responder. A resposta poderá ser que fomos bem, ou que teve uma pergunta que não soubemos responder, mas a intuição vem para somar e, independentemente de como for a resposta racional, sempre poderá vir uma resposta adicional dizendo: "Mas tenho o pressentimento de que irei passar para a próxima etapa". Sempre há uma soma quando terminamos de explorar o lado racional.

Para os que acreditam em uma força maior, seja qual for o nome concedido a ela, faço uma pergunta: qual a forma de comunicação que essa força maior usa para se comunicar conosco?

Muitas religiões ou costumes dizem que a voz da intuição é a voz de Deus falando com o nosso Eu maior.

Ao seguirmos a voz da intuição, estamos seguindo o que temos de mais natural e o que possivelmente será o melhor para a nossa vida. Esse pressentimento vem de uma parte interior que a ciência ainda não conseguiu estudar ou descobrir a origem. A intuição nos levará ao ponto mais próximo de nossa autenticidade e do núcleo de nosso ser. Ela sempre mostrará a melhor resposta para as perguntas, mas para escutar a voz da intuição é necessário muito esforço, pois algumas vezes ela pode ser contrária à voz da razão. Neste caso, normalmente fazemos um esforço para não escutarmos a nossa intuição.

A primeira forma de comunicação é por meio das palavras ou pensamentos, que virá no tópico seguinte, mas os sentimentos também são uma forma extremamente eficiente de comunicação. Talvez a mais eficiente. Os sentimentos vão direto ao coração e não passam pela razão. É como tomar um remédio na veia.

O grande problema é que não acreditamos quando recebemos uma comunicação dessa forma. Não estamos acostumados a dar ouvidos à voz da intuição. Temos muitos sentimentos que nos guiam ao longo de nossa vida, assim como a razão, mas dificilmente prestamos atenção a esses sentimentos ou seguimos essas vozes.

Na minha carreira executiva, eu tinha muitas anotações racionais do que havia feito no dia, de quais metas eu tinha cumprido e quais atividades eu tinha entregado, mas não me recordo de ter uma lista de como me senti com essas entregas, metas ou execuções das atividades. Não me lembro de nenhum dos meus líderes ter me perguntado como eu me sentia em relação a algum tema; mas eram sempre perguntas sobre o que eu achava do tema. O engraçado é que o que "achamos", que é apenas achismo, vale mais do que o que sentimos, que é a verdadeira realidade de tudo. É o que sobra no final de tudo. O que sentimos. Todos os seres humanos no mundo buscam apenas um sentimento, que é o de felicidade.

Certa vez, durante minha peregrinação no caminho de Santiago de Compostela, saí para caminhar antes do amanhecer e estava ainda muito escuro. Apesar de eu ter utilizado a minha lanterna, não conseguia enxergar muito o que estava a minha frente. Em uma encruzilhada acabei pegando o trajeto errado. No primeiro passo após o fim da encruzilhada eu já intuí que não era o caminho certo, mas andei nele por longos três quilômetros. Nesses três quilômetros, a intuição de que eu estava no caminho errado só crescia, mas ainda assim eu teimei e não escutei essa voz interna. Quando estava quase amanhecendo, encontrei uma pessoa na rua que me indicou o percurso correto.

Eu precisei de três quilômetros de caminhada, que dá aproximadamente quarenta minutos, e de uma opinião externa baseada no conhecimento, ou seja, na razão, para afirmar que a minha intuição estava correta. Isso me custou seis quilômetros adicionais de caminhada nesse dia e 1h30 a mais no total. Para quem caminha 35 quilômetros por dia em média, esse erro foi um preço alto a pagar. Lição aprendida: escutar a voz do coração. Escutar o meu sentimento. Poderia concluir que a intuição é a comunicação da nossa energia maior com o nosso plano físico.

A intuição é uma comunicação poderosa nossa com nós mesmos, ou, para os que preferirem, do nosso Eu maior com o nosso eu. A intuição é o primeiro sentimento que devemos nos atentar.

Há ainda mais dois sentimentos que nos motivam a tudo na vida: o amor e o medo. Sempre temos motivações ou por amor ou por medo. Fazemos tudo movidos por eles, enquanto a intuição se comunica conosco em tempo integral.

Amor

O maior sentimento de todos é o amor, um sentimento puro e a soma de tudo que existe.

O amor é o sentimento que move pelo lado positivo, nos faz agir e nos leva para a vontade de nos superarmos. O amor verdadeiro é a doação que fazemos de nós mesmos para o momento que estamos vivendo. É o que entregamos para o presente de alguém ou nosso. Não é por acaso que chamamos de "presente".

O amor ao próximo é quando oferecemos um pedaço de nós mesmos, através do tempo, para fazer o outro mais feliz ou melhor, e no final tudo está interligado e voltará, cedo ou tarde, para nós mesmos, nos fazendo melhor.

O amor é o que move tudo com prazer e naturalidade. É um dos aspectos que nos dá propósito. Como já comentado anteriormente, Viktor Frankl, em seu livro *Em busca de sentido*, descreve três modos de encontrar sentido em nossa vida:

1. fazer algo que vale a pena e que faz sentido;
2. experimentar algo ou encontrar alguém;
3. dar sentido quando temos algum sofrimento; extrair aprendizado de um momento de sofrimento. Entender esse momento como oportunidade de aprendizado, e não como punição.

Menciono esses pontos, pois quando Viktor Frankl fala de experimentar algo ou encontrar alguém, ele se refere ao amor. Ele comenta que o amor é a única maneira de captar outro ser humano no íntimo de sua personalidade. Ninguém consegue ter a consciência plena da essência última de outro ser humano sem amá-lo. O amor potencializa o ser humano. O que ama tem a capacidade de potencializar o ser amado. O ser amado irá se motivar pelo ser que ama e vice-versa.

O amor é uma chave para abertura da intuição. Ele eleva o grau de empatia e nos proporciona um grau de entendimento sobre a vida. O amor é altruísta e elimina o egoísmo material. O amor libera a evolução espiritual e acende a busca pelo conhecimento oculto da vida. Por meio do amor somos motivados a ser melhores e fazer o que chamamos de bem. O amor libera os prazeres da alma.

Esse sentimento é capaz de nos elevar como ser humano, melhorando nossas relações do dia a dia, nossos resultados no trabalho ou nas nossas ocupações e nos torna um ser humano melhor. Lembrando que o amor-próprio, quando transborda, não é possível estocar, então temos que começar a doação de amor. Amor-próprio é a primeira etapa de qualquer processo de evolução ou crescimento para um nível mais elevado como ser humano.

Ao contrário do amor, temos o medo, que nos trava e não nos permite mover para uma ação ou resultado.

Medo

O terceiro sentimento a ser mencionado como base de nossas emoções é o medo. Fazemos o que fazemos em nossa vida por dois motivos: medo e amor; portanto, sob a ótica da execução e da ação, o medo é o oposto do amor. O medo é uma energia que nos retrai e então nos move para a não ação. A ausência de ação nos leva à falta de progresso ou à estagnação, e isso vai contra todo o princípio do universo.

O medo muitas vezes domina nossas ações e não nos deixa demonstrar o amor, que é a força motora e motivacional de nossas ações. Exemplificando, nos lembremos de nosso primeiro relacionamento amoroso. Você se lembra de como foi o primeiro "eu te amo"? Quem disse para quem? Se um dia você tomou a iniciativa de dizer um "eu te amo", o maior medo que surgiu foi de não escutar um "eu também". Imagine quantos "eu te amo" são deixados de dizer por conta do medo da reciprocidade. Pedidos de casamento idem. O medo é o sentimento que não nos deixa agir e que nos gera insegurança do resultado da ação. Quantos investimentos ou empreendimentos não são colocados em execução por conta do medo?

Devemos considerar o medo como uma das bases, pois ele é muito importante em nosso dia a dia e nos complementa, se for bem entendido. Na prática, como se pode entender o medo? Se considerarmos uma escala de 1 até 10, sendo 1 para o nível mínimo de medo e 10 para os níveis máximos, o medo de 1 a 3 é inconsequente, logo não é saudável. A ausência do medo nos faz ter atitudes que podem não ser as melhores para nossa vida e nos faz cegos aos perigos de uma determinada ação. Lembre-se das suas decisões quando era adolescente. Quantas vezes foram tomadas decisões que jamais seriam tomadas quando adulto(a)? Crianças e adolescentes ainda não têm 100% da noção dos perigos que algumas decisões podem trazer e tendem a ter menos noção das consequências; logo, são mais aptos a correr risco e tomar mais decisões inconsequentes.

Entre os extremos existe o equilíbrio do medo. O medo de 4 até 6 na escala nem faz sermos inconsequentes nem nos torna paralisados e medrosos. É um medo que nos leva ao planejamento das ações e nos prepara para enfrentarmos a decisão. Como exemplo, esse medo nos leva a pesquisar antes de tomarmos uma decisão; é um medo que nos faz tatear o cenário antes de entrarmos de corpo e alma, mas que não nos deixa paralisados. Esse medo da escala de 4 até 6 nos faz mais precavidos, e as decisões são tomadas de forma mais assertiva. É um medo sadio e sem dúvida um medo que nos leva adiante. É um medo equilibrado e ponderado.

No outro extremo, ainda em nossa escala de 1 até 10, o medo de 7 a 10 é um medo relativamente alto e nos faz não tomarmos a decisão ou não termos a ação, sempre pensando nas consequências. Este é um patamar de medo que trava. Deixamos, muitas vezes, de experimentar algo novo ou de viver uma experiência por conta desse nível da escala de medo. Tememos as consequências. Este é o extremo não saudável e nos leva a não agir (o que também é uma ação) em busca do que é melhor para nossa vida.

Para exemplificar, conto com minha experiência em multinacionais: trabalhei muitos anos em empresas alemãs e suíças, além de estadunidenses. É possível sentir a diferença de uma cultura para outra. Os europeus são muito mais precavidos e planejados em suas ações. As decisões não são travadas, mas os cenários são exauridos antes da tomada de decisão. Eles pensam mais no longo prazo e têm um medo mais equilibrado. Por outro lado, os estadunidenses, em nossa escala de medo, são mais inconsequentes, e é mais comum ver decisões sendo revertidas em culturas estadunidenses do que em culturas europeias. Essa escala de medo está presente em todas as situações de nosso dia a dia. Os estadunidenses buscam resultados de curto prazo.

Esses são os sentimentos que equilibram a base emocional do pilar pessoal. Com esses três sentimentos balanceados, podemos manter as emoções equilibradas e contribuir para sustentar o pilar pessoal em pé.

A intuição é a forma que temos de nos comunicarmos com o nosso Eu maior, aquele que nos guia e nos direciona.

O amor é a nossa força motivadora para agirmos e seguirmos adiante. A força que nos faz superar obstáculos e nos superarmos dia após dia.

O medo, que pode nos travar ou nos fazer inconsequentes, se bem dosado pode ser um opositor ao amor e nos condicionar ao equilíbrio.

Todos são primordiais para nos proporcionar uma vida mais plena e mais feliz.

Continuando ainda o pilar pessoal, a terceira base é a nossa mente, ou nosso intelecto.

NOSSO EU INTELECTUAL — MENTE

A terceira base, ainda dentro do pilar central pessoal, é a nossa mente. O conceito de mente é completamente diferente do órgão cérebro. A mente é onde armazenamos nossas informações e onde controlamos a nossa vida. É a ligação que temos com a nossa natureza e a vida no planeta Terra. É onde racionalizamos todos os nossos sentimentos e conduzimos nosso corpo para atuar.

É com ela que controlamos tudo e que podemos gerar felicidade ou sofrimento. Se analisarmos o poder que a mente tem, ficaremos perplexos. Ela simplesmente tem o poder de transformar um fato comum do nosso dia a dia em um grande problema, que pode nos deixar extremamente tristes, ou então transformar esse fato em uma bela oportunidade de crescimento e sermos eternamente gratos por termos passado por aquela situação. Ou seja, a mente é capaz de tornar um problema em uma grande oportunidade de aprendizado e até em um grande momento de prazer. Tudo depende de como a condicionamos.

Como podemos mudar a condição e a ótica do nosso cérebro para passarmos a olhar os cenários mais positivamente? Uma das formas é mudar como enxergamos a realidade. A realidade é, muitas vezes, uma ilusão criada pelo nosso cérebro.

Por exemplo: ao longo do dia, enxergamos vários objetos e, quando vamos dormir, não nos lembramos de nada do que vimos. O contrário também ocorre: quando sonhamos, muitas vezes não lembramos no dia seguinte o que foi sonhado na íntegra. Podemos, sim, ter alguns sonhos relacionados com a realidade vivida e, ainda, nos lembrarmos deles no dia seguinte, mas o fato é que, normalmente, durante a noite, o cérebro cessa sua atividade relacionada ao dia, e o contrário também é verdadeiro: durante o dia, o cérebro cessa as atividades relacionadas aos sonhos. O que ocorre é que o cérebro abandona os estados mentais do sono, para a atividade diária; e do dia, para dormir — o que pode ser chamado de delusão.

Se o que normalmente vejo durante os sonhos não existe, então isso me instiga a pensar que o que vejo durante o tempo que estou acordado também não existe, já que ambos são, igualmente, aparências equivocadas. Se não nos apegarmos às coisas materiais ou aos acontecimentos da vida, a nossa visão de mundo será diferente. Em vez de olharmos o mundo com os olhos duais, julgadores entre certo e errado, falso ou real, apenas olharemos o mundo com o olhar neutro de um fato. No fato não há certo ou errado, bom ou ruim, direita ou esquerda. Há apenas o fato. Assim nos tornaremos mais neutros e homeostáticos, fazendo, desse modo, um bem para nós mesmos e para quem estiver ao nosso redor.

Este é um controle essencial para a nossa mente que nos libertará de todo o sentimento negativo que podemos ter diante de uma situação, e é um dos princípios budistas que são estudados pelos monges há mais de mil anos. Esse estado mental é possível, pois os budistas chamam de nirvana, e talvez possa até ser confundido com o estado do paraíso, pregado pelo catolicismo.

Podemos ainda elevar nossa capacidade mental e, não apenas pensar no fato, mas também analisar como é possível tirar proveito dele. No livro *Mindset*, a autora Carol S. Dweck menciona que tanto o cenário de sucesso quanto o de falha deveriam ser considerados cenários de aprendizado. Quando se tem um sucesso, deveríamos pensar em fazer melhor, e não em vencer; e quando se tem um fracasso, deveríamos ter motivação para acordar sobre a necessidade de nos prepararmos melhor e chegar ao ponto desejado. Ambos cenários deveriam ser considerados motivadores para crescimento, sem julgamento. Ela comenta ainda que ser bem-sucedido não depende de ganhar ou perder, mas sim de buscar a vitória com tudo o que tem. Se houver dedicação com todo o seu ser, não apenas nos jogos, mas também nos treinos, já será alguém vitorioso.

A nossa forma de pensar, sempre em dualidade, nos faz julgar um determinado resultado como se só existisse um fato que nos servisse de aprendizado, mas sempre podemos olhar sob a ótica positiva. A nossa mente é capaz disso e nos elevará para outro patamar se conseguirmos colocar esse ensinamento em prática.

Se conseguíssemos controlar a nossa mente, e a mantivéssemos positiva e pacífica, enxergaríamos todos os problemas como oportunidades de crescimento e aprendizado, o que de fato são. Os problemas nada mais são do que respondermos aos desafios ou fatos de nossa vida com um estado mental negativo. Dito isso, na mente está o poder de escolhermos entre tristeza e felicidade, céu e inferno. Se desejarmos ser felizes o tempo todo, devemos manter e desenvolver uma mente positiva e pacífica. Infelicidade, dor, sofrimento e preocupações existem apenas dentro da nossa mente. Com o controle dela, podemos moderar esses sentimentos que entendemos nos trazer tristeza ao longo de nossa vida.

Na nossa mente está a fonte de toda a paz interior e a verdadeira fonte de felicidade ou até mesmo de sucesso.

Para chegar a esse nível de felicidade desejado por todos os seres vivos, devemos lembrar que é necessário o desenvolvimento do nosso pilar espiritual, que será tratado em outro capítulo, mas sem esquecer as questões materiais. E para desenvolver as práticas materiais não podemos esquecer as práticas espirituais. Devemos ter equilíbrio entre todos os pilares do ser humano, sem termos extremos materiais ou espirituais. Houve um tempo em que o ser humano colocou em segundo plano o mundo material e se voltou 100% ao mundo espiritual. Nesse tempo ocorreram muitos conflitos, pois, afinal, o corpo é uma matéria e vive da matéria, que é o alimento. Hoje em dia, arrisco dizer que a maioria da população abandonou o lado espiritual, e estamos vivendo uma era com foco no material, o que torna o mundo muito mais capitalista, visando ao lucro. Por isso, segundo informações da Organização das Nações Unidas (ONU), temos 30% de desperdício de alimentos no mundo enquanto 820 milhões de pessoas (aproximadamente 11% da população mundial) passa fome. Ainda segundo fontes do site Worldmeters, no dia em que escrevi este parágrafo, até as 15h tinham morrido 19.880 pessoas de fome no mundo de um total de 105 mil mortes; ou seja, em pleno século XXI com um grande avanço de tecnologia, segundo esse site, aproximadamente 19% das mortes foram causadas por fome, sendo que há um grande desperdício de alimentos. Assim pergunto: Há pessoas passando fome por falta de alimento ou por falta de fraternidade? O equilíbrio entre o material e o espiritual é o correto. Encontrar o equilíbrio para tudo é o que nos faz ter uma vida plena e verdadeira.

Há um conto nos Estados Unidos que diz que antigamente os indígenas dividiam a caça entre todos da aldeia. Até que, um dia, um caçador mais forte capturou um búfalo grande que alimentaria tranquilamente toda a aldeia, mas, como era muito bravo e forte, ele decidiu ficar com o animal inteiro para ele. Os pajés da tribo consideraram que ele só poderia estar doente, já que desejava ficar com uma caça inteira sem dividir, mesmo sabendo do processo de apodrecimento. Então rezaram pelo caçador tentando interceder para curar sua doença.

Atualmente, quando enxergamos uma pessoa extremamente bem-sucedida e com muitas posses, muitas vezes a veneramos como se ela fosse uma grande "caçadora" que conquistou muitos "búfalos", sem enxergar o tamanho do egoísmo que pode estar inserido nesse acúmulo de riqueza.

O que os indígenas enxergavam como uma doença, atualmente enxergamos como sucesso. Subentende-se uma troca de valores imensa ao longo dos anos, e isso originou numa grande desigualdade na sociedade moderna.

O objetivo de dividir essa história, neste momento do livro, é apenas para ilustrar como é importante que a mente material e o desenvolvimento espiritual andem juntos nessa caminhada, e ambos sejam pilares de sustentação do ser humano.

Se perguntássemos para a maioria das pessoas o que mais desejam na vida, talvez a resposta fosse, de forma unânime, "ser feliz". Felicidade é muito perseguida por todos nós, mas, como muitos já sabem, tudo que é muito perseguido, acaba se afastando.

Quando perseguimos intensamente algo, a tendência é que o objeto perseguido se afaste, pois, se não o temos, como nossa energia poderá atraí-lo, partindo do pressuposto de que as energias semelhantes se atraem? Caso queira buscar a felicidade, precisa antes ser feliz. Sim, pode ser complexo, mas vamos à explicação: a felicidade é um estado de espírito que se alcança por meio de um resultado. Faz-se algo e este algo nos gera felicidade. Seria como dar risada. Dificilmente uma pessoa em sã consciência dá risada sem ter escutado uma piada ou algo engraçado. É preciso existir a piada para, posteriormente, a pessoa rir. Assim funciona com a felicidade. É preciso acalmar a nossa mente, pensar positivo e ter uma mente pacífica para atingirmos o estado de liberdade e de felicidade.

O segredo é controlar os pensamentos.

Os grandes mestres descobriram que o mundo é relativo e que os problemas que temos são relativos também; por isso, eles se recusaram a aceitar e escolher essa realidade. Eles escolheram o amor, e o amor nos leva à evolução. O medo nos trava, mas o amor nos faz evoluir.

Quando pensamos em termos materiais, nossa mente também é poderosa. Lembremos que a felicidade é o resultado de um estado mental e de escolhas. Não buscamos a felicidade, mas sim os fatores que proporcionam o estado de felicidade. Essas razões podem ser buscadas e estão no nosso estado mental. Assim também funciona com os bens materiais.

Tudo o que já enxergamos estava no mundo das ideias e pensamentos. Absolutamente tudo que existe neste mundo iniciou-se de uma ideia. Nada existiu sem antes passar por alguém. Algumas ideias, inclusive, foram muito depreciadas quando expostas pela primeira vez, mas como a resiliência e a crença na ideia eram tão enraizadas, o(a) idealizador(a) decidiu seguir adiante, como foi com Henry Ford e sua invenção revolucionária, o automóvel, ou mesmo Galileu Galilei, considerado louco por suas invenções e descobertas.

Baseado neste conceito, o autor T. Harv Eker comenta em seu livro *Os segredos da mente milionária* que todo início de sucesso financeiro se dá por meio da mente. Ele comenta que existe uma fórmula para isso que se dá pelo pensamento que leva ao sentimento, que leva à ação e, consequentemente, que leva ao resultado:

$$(P \to S \to A = Resultado)$$

Tudo nasce no pensamento. O pensamento é absolutamente tudo, e o mundo físico é consequência do pensamento que temos. O mundo físico na verdade é criado, e ele não existe. Sendo assim, se acrescentarmos um passo antes da fórmula, que seria controlar o nosso pensamento, teríamos de programar o pensamento, para então pensar, sentir, agir e gerar resultado. Se programarmos nosso pensamento para pensarmos o que gostaríamos de ter, nosso cérebro entenderá esta programação e pensará a respeito, para então passarmos a sentir, agir e colher os resultados.

CONCLUSÃO DO PILAR PESSOAL

O mundo físico em que vivemos é resultados de um mundo espiritual, mental e sentimental. A soma dos três forma o mundo físico.

O conjunto de corpo, sentimentos e mente forma o primeiro grande pilar do ser humano, que equivale a nós mesmos. Esse é um pilar importantíssimo, pois devemos aprender a nos amar, nos cuidar e fazer o que nos faz bem, para criarmos um estado de espírito positivo e pacífico, e assim nos proporcionar o estado de felicidade.

Cuidando de nosso corpo, prestando atenção em nossos três principais sentimentos, e cuidando de nossa mente, deixaremos o pilar pessoal equilibrado.

Ainda temos mais três pilares a serem equilibrados, e eles são tão importantes quanto o primeiro pilar, afinal, nenhum grande sábio viveu isolado.

O sábio é aquele que passa sabedoria. Jamais conseguiremos matar a fome lendo um cardápio; portanto, para o sábio, ter apenas o cardápio não nos leva adiante. É preciso pedir o prato e experimentar a comida, e o alimento do sábio é passar sabedoria; portanto, não há sábio se não houver discípulos, e só existem discípulos por meio do relacionamento com outro ser humano, tema do próximo capítulo.

PILAR DO RELACIONAMENTO

Quem sou eu neste grupo?
Qual o meu papel?

Segundo relatos e histórias, muitos dos grandes mestres da humanidade fizeram um retiro durante um bom tempo para iniciar seu autoconhecimento. Jesus passou 40 dias e 40 noites no deserto jejuando, e o único propósito era mergulhar inteiramente em si mesmo. Nesse período houve um esvaziamento total de sua pessoa e da demonstração de aliança com um plano maior de Deus. Assim também foi o caminho de Moisés, Elias, João Batista e outros de religiões não cristãs, como Buda, além de grandes filósofos e escritores.

Este momento de retiro da sociedade para mergulhar no eu e se autodescobrir foi muito importante na vida de muitos mestres, mas de que valeria ter esse conhecimento e atingir o estado máximo de felicidade ou nirvana se eles não pudessem repassar esses conhecimentos para a humanidade? De que valeria viverem o auge do autoconhecimento e terem discernimento de quem realmente eles são, se não disseminassem tal conhecimento?

Benito de Nursia, fundador da ordem de São Bento, ou Beneditinos, que viveu entre 480 e 547, foi um dos que experimentaram o isolamento durante um período de sua vida para se autoconhecer. Estudou em Roma (Itália) e vinha de uma família abastada, mas decidiu largar sua vida cômoda para viver em uma gruta, longe do mundo agitado da cidade. Apesar de viver como um eremita, depois de três anos isolado e sozinho, passou a ser consultado para dar conselhos religiosos.

Benito de Nursia voltou ao convívio com outros seres humanos após entender que ensinamentos devem ser repassados, e não guardados para si, pois dessa segunda forma não há valor. Também aprendeu muito pelo contraste entre viver só e em sociedade, mas na segunda forma havia uma regra simples a ser aplicada: a compaixão.

Esses grandes mestres e professores da humanidade nos ensinaram que de nada adianta o alto nível de conhecimento, se não o repassarmos para outros seres humanos, e isso faz o **relacionamento** ser o segundo pilar da nossa vida humana.

No momento da grande descoberta do entendimento da evolução, nada adiantaria o ser humano se autoconhecer tanto se não tivesse com quem interagir para praticar essa evolução; se não tivéssemos outra pessoa ao nosso redor, não teríamos como praticar nossos mais autênticos valores.

Para a caminhada de autoconhecimento e para nos descobrirmos, precisamos de muito amor e generosidade. Só conseguimos ter esses sentimentos se nos relacionarmos com outras pessoas.

A fraternidade e a compaixão também são ilustradas pelos filósofos, como o *Mito da caverna*, de Platão, quando o prisioneiro da sombra deixa a caverna e enxerga a iluminação da luz do sol. Ele não se contenta em ficar do lado externo da caverna sabendo que os demais companheiros estão presos dentro dela no escuro, e, por isso, ele toma a decisão de voltar para a caverna e mostrar que há um caminho para a libertação de todos os que ainda estão presos. Esse prisioneiro que encontrou a iluminação do sol foi guiado de volta para a caverna pela fraternidade e pela compaixão. Esses dois sentimentos, que só são possíveis por meio de nossos relacionamentos, nos movem para uma evolução.

Se buscarmos autoconhecimento somente pelo bem que isso pode trazer, o valor dessa busca será subtraído pelo egoísmo por trás do conhecimento adquirido. Mas se buscarmos esse autoconhecimento para proporcionar um bem maior para aqueles que estão ao nosso redor, o valor da busca se multiplicará, pois o bem será maior e será potencializado pelo altruísmo.

Helena Blavatsky, em seu livro *A voz do silêncio*, diferencia a doutrina do olho da doutrina do coração: pela doutrina do olho, trabalhamos e estudamos para nos liberar; pela do coração, trabalhamos e estudamos para o bem dos demais. Segundo a doutrina do coração, trabalhamos para a liberação e o crescimento humano pela necessidade de evolução da humanidade, e não apenas do indivíduo; e isso chamamos de compaixão e amor.

Nossa caminhada deve nos levar a ser mais humanos e fraternos. A caminhada sem amor nos aprisiona dentro de nós mesmos. Conhecimento total e potencializado sem amor gera uma dose de orgulho e vaidade. Isso ocorre porque quando temos conhecimento sem amor, temos pouca compaixão, e não analisamos sob o olhar do outro, o que, inevitavelmente, gera julgamento.

A melhor forma de caminharmos em busca de nossa felicidade e nossa evolução é nos entregarmos ao próximo e cedermos o que temos de melhor. Essa caminhada deve nos proporcionar amor, generosidade e altruísmo. Todos os ensinamentos de humanidade dizem algo parecido em relação à redução do egoísmo e do "eu" como beneficiário, sendo a sociedade, e a humanidade como um todo, cada vez mais beneficiada de um conhecimento apropriado.

Como já foi mencionado anteriormente, Viktor Frankl comenta no livro *Em busca do sentido* que uma das formas de manifestar o sentido da vida é pela manifestação do amor. O amor é a única maneira de captar o ser humano em seu íntimo. Isso só é possível com os nossos relacionamentos. O amor por meio dos relacionamentos nos eleva. Aprendemos com nossos relacionamentos.

Ainda em seu livro, Frankl comenta um caso de uma jovem que se dirigiu a ele queixando-se de frigidez. O histórico do caso mostrou que em sua infância ela tinha sido sexualmente abusada por seu pai. Entretanto, não foi essa experiência traumática em si que fizera surgir o problema.

A paciente passou o tempo todo de sua vida lendo literatura psicanalítica popular, com o temor e a expectativa do que essa experiência traumática lhe cobraria algum dia. Essa ansiedade antecipada gerou consequências e, entre elas, uma intenção excessiva de confirmar a sua feminilidade, além de atenção excessiva centrada nela mesma, e não em seu parceiro. Isso foi suficiente para incapacitar essa paciente para o auge da experiência do prazer sexual, uma vez que o orgasmo foi transformado em objeto de intenção e de atenção, em vez de permanecer um efeito não intencionado de devotamento ao parceiro.

Segundo Frankl, depois que essa paciente se submeteu ao tratamento, a atenção e a intenção excessivas, voltadas para a capacidade de experimentar o orgasmo, acabaram sendo foco secundário. Quando a sua atenção foi focada para o objeto apropriado — ou seja, o parceiro —, o orgasmo surgiu espontaneamente.

Ainda mencionado por Frankl, em um segundo caso, um clínico geral mais velho que o consultou para tratamento estava com uma depressão profunda e não conseguia superar, pois a mulher que ele amava acima de tudo falecera havia dois anos. Frankl, com apenas uma pergunta, mudou completamente o cenário. A pergunta foi: "O que teria acontecido se o senhor tivesse falecido primeiro e sua esposa tivesse sobrevivido?". O paciente respondeu: "Ah, isso teria sido terrível para ela; ela teria sofrido muito!". Então Frankl retrucou: "Veja bem, doutor, ela foi poupada desse sofrimento e foi o senhor que a poupou dele; mas agora, precisa pagar por isso sobrevivendo a ela e chorando a sua morte". O homem não disse mais nada e simplesmente deixou o consultório. Segundo Frankl, o sofrimento deixa de ser sofrimento no instante em que se encontra um sentido, como o sentido de um sacrifício.

Em ambos os exemplos citados, os pacientes mudaram os sentidos deles e passaram a olhar para o próximo, pensando em fazer o bem a quem está ao seu redor, mudando o sentido para o seu próprio sofrimento. Eles pensaram em seus relacionamentos acima de tudo ao invés de terem um pensamento egocêntrico. Pensaram no bem-estar do outro. Ambos são exemplos de ressignificação do sentido do relacionamento e do próprio sofrimento. Deixaram o egoísmo de lado para viver para o outro.

Esses casos demonstram que, em nossas relações, sejam elas quais forem, o maior benefício que podemos criar para nós mesmos é vivermos com o objetivo de entregarmos o nosso melhor para o próximo e fazermos um bem ao ambiente que estamos inseridos. Só assim faremos o bem a nós mesmos. Há inúmeros exemplos de ações benéficas que alguém fez para o próximo e para o ambiente que estava inserido que se refletiram para o autor da ação.

É sempre mais didático entendermos as situações com histórias, e há uma que diz que, no Céu, onde só havia pureza e se estava livre de pecado, havia um anjo querendo viver o perdão. Como no Reino dos Céus não há maldade, portanto não há o que perdoar, esse anjo pediu uma conversa com Deus para discutir o assunto. Deus então lhe concedeu autorização para ir a um local em que fosse possível sentir o perdão, porém com uma condição: que ele buscasse um outro anjo que fosse bom o suficiente e que aceitasse sair do Reino dos Céus para reencarnar na Terra, fazer o mal a ele e lhe proporcionar uma experiência que fosse passível do sentimento de perdão. Pois assim o acordo foi aceito, e então o anjo saiu em busca de quem faria a maldade e lhe proporcionasse a condição de sentir o perdão.

Após longa busca, encontrou uma alma boa que aceitou o desafio. Essa alma então teria que reencarnar, junto com o anjo que desejava sentir o perdão, e fazer uma maldade para gerar essa condição. Mas, perante Deus, a alma bondosa colocou outra condição para o anjo que desejava o perdão. A condição foi: "Farei a minha maior bondade, que será cometer uma maldade com você, para conceder uma oportunidade de perdoar, mas, quando eu fizer isso, lembre-se de que é você quem está me pedindo". E então Deus concedeu autorização para ambas as almas reencarnarem.

Moral da história: todos que passam em nossa vida têm como principal objetivo nos ensinar algo. De certa forma, escolhemos as pessoas que irão cruzar o nosso caminho e, por isso, devemos sempre lembrar que estão ao nosso lado para nos ensinar algo; e ser mais altruísta e fazer o bem para os outros é o que de mais nobre podemos aprender. Com essa história, levamos como aprendizado que até mesmo os mais sábios que por aqui passaram aprenderam muito com seus discípulos, e sabiam que tinham muito o que aprender, principalmente pela oportunidade de colocarem em prática o nível mais alto de amor e compaixão; todos eles aprenderam que é se doando que se consegue o mais alto nível de felicidade. Por meio do sentimento de contribuição, chegamos mais perto de nosso propósito de vida.

Como diria Confúcio, o sentido da vida é o aperfeiçoamento, e só há aperfeiçoamento quando há contribuição com o próximo. Somente nos entregando a quem realmente somos que podemos nos sentir completos e íntegros. Quando entregamos tudo de nós mesmos, tudo vamos encontrar. Se entregarmos tudo, podemos escutar o grande coração da vida. Cada célula e cada ser humano entregando o que tem de melhor para a vida, a vida por meio do outro.

Um dos principais objetivos dos nossos relacionamentos ao longo da nossa vida é o aprendizado. As pessoas que estão ao nosso redor nos ensinam a viver e nos ajudam a nos encontrar em nós mesmos nesta caminhada do autoconhecimento.

Aprendemos a amar, perdoar, ceder, ter compaixão, ser humilde, ter empatia e que somente pela entrega podemos ser felizes e que tudo que compreendemos acontece por meio da nossa própria experiência. Quando estamos discutindo um ponto de vista com outra pessoa, devemos ter a humildade de entender que sob o ponto de vista daquela pessoa não sabemos muito, portanto nunca estaremos com a verdade. Devemos tentar entender sob o olhar de outro ser humano. Aprendemos sobre a nossa diversidade de pensamentos e ideias, e isso nos eleva como ser humano. Sempre aprendemos algo com todos os nossos relacionamentos, e isso faz deles um pilar importante em nossa vida.

O sucesso nos relacionamentos nos levará à evolução. Chamo de sucesso no relacionamento quando conseguimos enxergar que as pessoas passam pela nossa vida para nos ensinar.

É por meio dos nossos relacionamentos que conseguimos potencializar nossos resultados. Se somos líderes em empresas, é por meio de nossas equipes ou pares que conseguimos aumentar nossa *performance* e entregar um resultado que jamais conseguiríamos entregar sozinhos. Se somos pais ou mães, é por meio de nossos filhos que conseguimos aumentar nossos aprendizados em relação a receber ou entregar um dos maiores e mais puros amores que existem no mundo. E é assim em todas as relações humanas.

Vivemos um momento único em nossa história, onde o capitalismo reina em quase todos os países e em quase todas as pessoas, e muitas vezes priorizamos o dinheiro, mas esquecemos que é pelos relacionamentos que potencializamos, inclusive, o dinheiro. Por meio de relacionamentos nos tornamos pessoas mais resilientes, mais abertas à diversidade e mais humanas. Há muitos indícios de que a maioria dos problemas que enfrentamos em nossa vida tem ligação com nossos relacionamentos. Temos muitos problemas em nossas famílias, com nossos cônjuges, filhos, chefes e subordinados, mas se entendermos o papel de cada um em nossa vida, teremos a chance de reduzir significativamente os nossos problemas ao longo da nossa jornada. Temos um papel importante em cada relacionamento e devemos sempre pensar o que temos que aprender em cada situação e oportunidade.

A seguir são dados os níveis de relacionamento que teremos ao longo de nossa vida.

FAMÍLIA

O nosso primeiro nível de relacionamento é com a nossa família imediata. A família, considerando pai, mãe e irmãos, caso tenha, será a nossa primeira microesfera. Temos os pais como nossa primeira hierarquia de poder e nossos irmãos como nossa primeira oportunidade de um relacionamento fraternal. Serão nossos irmãos os primeiros responsáveis por nos ensinar a ceder, ainda mais se forem mais velhos e mais fortes.

Sou o filho caçula de uma família de quatro irmãos. Tenho uma irmã, que é a mais velha, seguida de dois irmãos, e, após sete anos de diferença, eu nasci, o que chamamos popularmente de "raspa do tacho". Eu aprendi muito rápido a ter que ceder, algumas vezes por amor e outras por dor, mas em ambas vieram aprendizados.

Família é o nosso primeiro aspecto a ser tratado quando falamos do pilar do relacionamento. Nossa família nos ensina aspectos culturais, sociais, ajuda a cuidar de nosso corpo, nos alimentando desde cedo, ajuda a formar o nosso eu emocional e, principalmente, nossa mente. A nossa família nos introduz valores e padrões de comportamentos. Muitas vezes a nossa família vai nos amar e nos ensinar também compaixão e amor. É no berço que ouvimos as primeiras ordens e primeiras vozes de liderança. Nossos pais nos ensinam a obedecer a comandos e a seguir regras.

No berço de família está o que vamos carregar por um longo período de nossa vida.

Uma das perguntas que eu mais gosto de me fazer é: Como será que escolhemos a nossa família antes de encarnarmos na Terra? Derivada dessa primeira pergunta, sempre seguem outras: O que nos faz escolher ou nascer na família a que viemos? O que essa família tem para nos ensinar, e o que temos a ensinar a eles? Para quem não acredita em reencarnação, pode-se perguntar: Com qual base eu fui escolhido para viver nesta família? Por que esta família foi escolhida para mim? Como posso aprender com eles? E como eles podem aprender comigo?

Talvez não tenhamos as respostas para as perguntas, mas as perguntas são melhores que as respostas. Com essas perguntas abrimos a nossa consciência para um nível de evolução, e não necessariamente precisamos respondê-las com exatidão, até porque não há resposta exata, mas precisamos ter a consciência das perguntas.

É importante mudar a forma de enxergar os relacionamentos e aplicar os conhecimentos que vamos adquirindo ao longo da vida, como compaixão e fraternidade.

Agregados a nossa família, ainda temos avós, tios, primos e primas, mas todo esse contexto é visto como macroesfera, ou seja, está ao redor do nosso núcleo principal, sendo este o nível secundário. A macroesfera pode se tornar o núcleo principal para aqueles que perdem seus pais e são criados por tios ou avós. Ainda assim, a ausência de pais sempre deixa um vácuo que jamais será suprido.

Podemos ainda aprender muito nesse cenário, mas, nesses casos, haverá ainda um aprendizado maior que é lidar com a ausência dos pais. Isso também ocorre com as separações de casais. Um dos benefícios para as crianças de pais separados é o aprendizado de ter uma flexibilidade adicional, por ter que lidar com duas famílias distintas; claro, isso se compararmos com os pais que permanecem casados. Esta é apenas uma constatação de uma das características que crianças de pais separados podem adquirir, mas como os casais geralmente se casam com o objetivo de permanecerem casados, não gostaria de entrar no mérito de defesa de um ou outro cenário. Se casamentos longos e duradouros ou se separações são melhores ou piores em nossa vida atual, não é o foco da discussão deste livro. O que importa mesmo é a felicidade de cada indivíduo, sempre pensando em oferecer o melhor para o próximo.

As nossas famílias são responsáveis por nos apresentarem muitas crenças, que nos limitam ou nos potencializam para o resto de nossa vida.

Quando ainda somos crianças e escutamos por parte de nossos pais que dinheiro não dá em árvore e que é difícil pagar as contas, automaticamente criamos uma crença de que é difícil ganhar dinheiro, e esta crença vai nos acompanhar por um longo período, até que tenhamos consciência da realidade e eliminamos, ou não, tal crença. Assim acontece com diversas outras crenças.

Geralmente, ficaremos inseridos nessas microesfera e macroesfera de família inicial até o próximo passo familiar, que é quando criamos a nossa própria família.

Mas, resumidamente, família é a condição que temos de iniciar nossa vida aprendendo o que há de mais sublime na vida humana: o amor.

AMIGOS

O segundo nível de relacionamento e que já começa fora de nossa família são nossos amigos. Eles também são vistos como macroesfera, pois estão fora do nosso núcleo principal, que são os familiares diretos. Nossos amigos são muito importantes para nos ajudar a dividir a vida.

Muitas vezes, ao longo de nossa trajetória, dividimos mais frequentemente nossos momentos com nossos amigos do que com nossos familiares. Com eles aprendemos, muitas vezes, a escolher com quem gostaríamos de dividir a nossa vida.

Quando nascemos, não temos consciência do motivo pelo qual escolhemos ou escolheram aquela família para nós, mas quando fazemos um amigo, normalmente acontece por afinidade, por confiança e por encontro. Esta é uma escolha nossa e, muitas vezes, consciente. Eles são os primeiros a nos ensinar sobre escolhas de quem queremos ao nosso lado.

Eu, por exemplo, tenho um grande amigo, e eu o considero mais do que dois dos meus irmãos de sangue. Foi uma escolha minha, e ele é meu alicerce em muitos momentos. O Peterson é um irmão escolhido conscientemente por confiança e por encontro. Amigo herdado de uma longa amizade com o meu irmão mais próximo, e a nossa amizade ficou mais forte que a própria amizade deles, onde tudo se iniciou. Temos uma grande diferença de idade, mas isso não foi suficiente para nos afastar, nem mesmo durante a nossa adolescência, época em que a diferença de idade é mais evidente.

Nossos amigos, provavelmente, serão parte dos momentos mais divertidos de nossa vida, pois os encontramos mais em momentos que nos proporcionam felicidade do que o inverso. Muitas vezes, ainda na infância, chegamos em casa e nossos familiares nos perguntam sobre a lição a ser feita, enquanto nossos amigos só nos procuram para brincar. Na vida adulta, muitas vezes, temos que discutir com nosso(a) cônjuge sobre a educação dos filhos ou contas que devem ser pagas, enquanto com nossos amigos conversamos sobre banalidades e nos lembramos do passado.

Nossos amigos são parte fundamental de nossa vida e nos acompanham desde sempre e para sempre. São importantíssimos no pilar relacionamento, pois equilibram, muitas vezes, a vida séria e rotineira com a descontração de um momento vivido com eles.

CÔNJUGE

O terceiro nível de relacionamento que temos é com o(a) nosso(a) cônjuge. Quando decidimos ter uma vida a dois, mudamos a nossa microesfera e nosso núcleo central para a nossa própria família. Nossos pais e irmãos passam a fazer parte da macroesfera, pois, apesar de ainda serem família de sangue, foi tomada uma decisão que, a partir daquele ponto, a vida seria compartilhada diariamente com outra pessoa. Nesse momento, as prioridades são alteradas, e a atenção é priorizada para a escolha consciente da vida.

Nossa família ainda será de extrema importância, mas deve ser a segunda prioridade, pois, em plena consciência, foi tomada uma decisão de dividir a vida com outra pessoa e constituir a própria família. Em uma cultura em que a família de sangue é bastante calorosa e deseja proximidade, até quando este vínculo é alterado no momento do casamento pode haver um grande desafio para o casal em mudar a microesfera anterior para a macroesfera. A família de sangue não deve ser colocada de lado e esquecida, mas normalmente colocada como segunda prioridade, pois há um novo relacionamento nascendo que precisa de atenção.

Quando temos um relacionamento, não temos mais o papel das pessoas separadamente, mas sim o papel do casal e de uma primeira "criança", que se chama casamento (ou até mesmo namoro). Se nos referimos ao relacionamento como uma esfera inferior, ou seja, um relacionamento simples, que pode ser chamado de "não evoluído", temos uma díade. Mas se quisermos ter um relacionamento duradouro e em nível superior,[2] temos que tratá-lo como uma tríade.

---

2. "Relacionamento superior" refere-se a tudo que é uma coisa só: a união de duas pessoas é um relacionamento que se configura, em muitas culturas, por uma aliança, que é o símbolo do infinito, pois não tem começo, meio e fim.

Devemos sempre nos lembrar, quando temos a criação de uma família, de que a escolha foi nossa. Então as perguntas deveriam ser voltadas para nós mesmos, como: por que escolhi essa pessoa para viver ao meu lado? Por que ela me escolheu? Como posso contribuir para o aprendizado dela? Como posso fazê-la feliz? Como posso entender que essa pessoa me ama e contemplar esse amor? Por que essa pessoa escolheu me amar? (E por ter pelo menos uma reposta a essa pergunta, devemos ser eternamente agradecidos por termos qualidades que fazem com que alguém nos ame.) Como podemos agradecer ao nosso cônjuge por nos amar e por ter escolhido viver ao nosso lado? Lembremos que o amor eleva o nível espiritual e de evolução do ser humano.

Existem dizeres populares que afirmam que devemos escolher alguém que nos complemente. Mas, se isso fosse verdade, então até o momento de casarmos seríamos apenas uma parte de um todo? Não considero correto assumirmos essa afirmação como verdade, mesmo fazendo parte de nossa cultura; prefiro acreditar que somos completos e que, quando escolhemos alguém para formarmos uma relação, somos tão completos que estamos quase transbordando, e, por isso, prontos para ceder o que temos de completude e transbordando para uma tríade, que é a relação. Cedemos parte de nossa vida e de nosso ser para uma relação. Devemos também compartilhar objetivos em comum para que essa relação tenha conflitos minimizados. Como essas são escolhas mais maduras e mais conscientes, apesar de não dominarmos o amor, e estão no âmbito de sentimento, e não da razão, seria de grande importância sempre nos atentarmos em como se pode cativar e alimentar essa relação, e como cada um pode contribuir para o crescimento e evolução dessa tríade.

Muitas vezes o ser humano toma a decisão de se casar esperando que o(a) parceiro(a) o(a) complemente de alguma forma. Esse pensamento pode ser fatal para a vida juntos. Devemos entrar na relação pensando em como podemos contribuir para o(a) parceiro(a) escolhido(a). Ao pensarmos na tríade de duas pessoas e um relacionamento, o relacionamento deve ser construído. Para isso, devemos ceder o que temos de melhor, e assim também deve ser da outra parte, de modo que a construção do relacionamento ocorrerá sempre com saldo positivo. Se uma relação familiar começar focando no que será recebido, o propósito dessa relação certamente estará incorreto e o fracasso, certeiro. O pensamento correto é iniciar cedendo e contribuir para a relação.

Além disso, para um relacionamento saudável, devemos pensar que ele deve ser construído em cima de três bases: o sistema de amizade, o sistema de conflito e o sistema de significado, conforme o dr. John M. Gottman afirma, na teoria "Casa do Relacionamento Sólido":

1. Sistema de amizade: há uma sobreposição de sentimentos positivos de 20 para 1, ou seja, a interpretação do casal tende sempre a ir para o positivo. Até mesmo na negatividade do dia a dia, o casal tende a ir para o positivo e passageiro.
2. Sistema de conflito: nesse estudo, o dr. Gottman constatou que 69% dos conflitos de um casal são eternos, ou seja, estão ligados à própria identidade ou a valores de um dos parceiros. Isso faz deles recorrentes e insolúveis. Os casais eficientes sabem lidar com os conflitos perpétuos e tratam de forma eficiente os 31% dos conflitos remanescentes.
3. Sistema de significado: criam e constroem uma vida em comum com significado e propósito. Fazem planos nos quais ambos se sintam motivados a alcançá-los e compartilham juntos um futuro. Criam rituais de conexões e compartilham valores e objetivos.

Se o casal que agora forma uma nova microesfera decidir ter herdeiros, é uma nova fase dessa tríade, e então a consolidação do amor virá também em forma de filhos, que é o próximo passo do pilar do relacionamento.

FILHOS

O quarto nível de relacionamento acontece após a consolidação da tríade entre as duas pessoas que formam a união mais o relacionamento em si que essa união irá compor. O quarto nível é a mais nobre, misteriosa e perfeita manifestação do amor de um casal, que é a concepção de um filho ou filha. Este é um dos maiores milagres e mistérios da natureza. Quando esse fenômeno acontece, voltamos às perguntas do primeiro nível: por que essa criança decidiu vir em nossa família? O que temos que aprender com ela? O que temos que ensinar a ela? Como ela vai aprender? Como será o futuro dessa criança? Entre outras perguntas. A vida é uma eterna criação, e nesse momento os pais começam a se recriar novamente. Começam uma nova experiência jamais vivida: o milagre de conceber uma vida.

Os filhos, ao contrário do que muitos podem achar, vêm ao mundo mais para nos ensinar do que o contrário. Muitas vezes somos levados a crer que devemos passar ensinamentos aos nossos filhos, mas é o oposto. Os filhos são gerados para nos ensinar:

- sobre o verdadeiro amor incondicional e infinito;
- sobre ausência do poder sobre o outro e a conscientização da ausência do controle absoluto de tudo, pois eles terão vida própria;
- sobre o lado oculto que temos e que precisa ser desvendado — os filhos ajudarão a desvendar características nossas que nem imaginávamos que tínhamos. Ao nos depararmos com situações jamais vividas, são despertadas em nós qualidades e virtudes esquecidas ou que nem conhecíamos, além do despertar da vontade de sermos melhores e de agir com o que temos de melhor;
- sobre autocontrole;
- sobre o ato de ceder e acabar com o nosso egoísmo — a partir do momento em que geramos um ser, deixamos de viver isoladamente e passamos a ser responsáveis por uma vida delicada e sensível que depende muito de nosso cuidado. Nossos interesses pessoais já não são mais prioritários;

- sobre o que realmente importa — com a presença deles, nos certificamos que o amor é o mais essencial e que a perfeição é utopia. Esta situação, seja qual for, seria impossível de ser vivida se não fosse com os filhos;
- que o aprendizado é eterno e constante — sempre teremos situações novas e jamais deixaremos de aprender com nossos filhos;
- a olhar nossos pais e mudar qualquer tipo de julgamento que podemos ter em relação a eles — nosso filhos nos ajudam a perdoar nossos pais e a perceber que eles ofereceram o melhor e também aprenderam com a gente. Fazem enxergar que viemos à Terra também para ajudar nossos pais.

Eles nos ensinam a ser uma pessoa melhor e é para isso que eles vêm. Os filhos só têm o que nos ensinar e, em contrapartida, nada melhor que retribuir esses ensinamentos com muito amor. Agradecer aos filhos por terem nos dado a oportunidade de alcançar a clareza dos reais motivos que temos uma relação de família e um filho como herdeiro.

Ao final, quando os filhos passarem pelo mesmo passo que nós passamos e decidirem seguir suas vidas, construindo suas próprias famílias, eles serão os próximos a mudar a microesfera da vida deles, e então, nós, os pais, passaremos a ser macroesfera. Nesse momento se agrega à família nora ou genro e, se os filhos tiverem também herdeiro(s), vem a nossa próxima fase de vida, que é, em grande parte da humanidade, o último relacionamento importante que temos: o de sermos avós.

AVÓS

O quinto nível de relacionamento, e em grande parte da humanidade o último nível, é o de avô e avó. Pode ser que algumas pessoas vivam até serem bisavós e tataravós, mas o princípio é o mesmo.

Quando viramos avós, há uma relação de relembrança e renascimento do período quando estávamos aprendendo com os próprios filhos, e então vem novamente a fase de novos aprendizados, porém com uma responsabilidade reduzida, visto que são os pais os responsáveis pela educação e cuidado com a criança, na grande parte das famílias. O cenário de avô ou avó contribui muito a encarar um momento mais próximo da transição (morte), onde se pode voltar a ter uma vida tão leve quando se teve na infância e usar a energia do neto ou neta para enfrentar a consciência de que a transição está mais perto do que quanto se era criança ou jovem.

Esse é um período prazeroso na vida do ser humano, pois se pode reviver o momento de nascimento e entender que, mesmo diante de muitas experiências em que se passou na vida, ainda há muito o que aprender com o novo membro da família. Uma criança sempre nos ensina algo novo — aliás, em qualquer relação pura e sem barreiras estamos aprendendo.

A criança não tem filtro e é autêntica, então, com a principal incumbência de ensinar, que é a sua natureza, ela faz isso com maestria. Uma pessoa mais adulta, já perto dos 50, 60 ou até 70, tem uma vivência que possivelmente apresente certo vício de rotina. Quando se tem uma nova vida na família, voltamos à humildade inicial de quando éramos crianças, ou até da nossa inexperiência como pais, pois voltamos a aprender, desta vez como é ser avô ou avó. Esse momento vivido, de forma consciente, nos leva a concluir que na vida estamos sempre aprendendo e nos recriando. Viemos completos e sabendo exatamente o que devemos fazer aqui, que é ser feliz, mas isso se perde em algum momento de nossa vida, e quando percebemos que estamos nos recriando e aprendendo o tempo inteiro, desde o primeiro sopro até o último suspiro, entendemos o verdadeiro propósito da vida.

CONCLUSÃO DO PILAR RELACIONAMENTO

Viemos a este mundo completos e com todos os conhecimentos da alma dentro de nós. Nascemos por meio do maior milagre da natureza que é a geração da vida. Saímos de um plano imaterial para nos materializarmos em um corpo e viemos com a nossa própria mente e nossa própria personalidade. O que precisamos é apenas nos recriarmos o tempo todo, aprendendo quem somos e o que somos capazes de fazer.

Assim, os relacionamentos são importantes em nossa vida, pois tornam possível exaurirmos o nosso potencial como ser humano e entregar para o mundo e para a humanidade o que temos de melhor.

PILAR DA OCUPAÇÃO

O que farei para me tornar quem eu sou?
Qual a minha contribuição?

Se decidirmos guardar o amor somente com a gente, após o autocuidado e o desenvolvimento do amor-próprio, provavelmente nos sentiremos seres limitados, pequenos e egoístas. O amor, que é o sentimento de todos os sentimentos, existe para ser compartilhado. Quando falamos de amor, é impossível estocarmos. Quanto mais distribuirmos este amor, maior será a nossa fonte. Assim acontece com tudo, mas na sociedade moderna é mais difícil de enxergar isso devido à cegueira causada pelo egoísmo, pela insegurança, pela sede por poder e pela ganância por querer conquistar cada vez mais bens materiais.

Quanto mais amor tivermos, maior será a fonte de amor e maior será a necessidade de doarmos este amor. Por esse motivo, não é possível mantermos um alto nível de amor-próprio, criarmos uma fonte de amor inesgotável e guardarmos este sentimento apenas com a gente. Nós não teríamos espaço para esse armazenamento. Para distribuir esse amor, temos os nossos relacionamentos; portanto, relacionamento é o segundo pilar em nossa vida. Porém, precisamos comer, beber, morar, trabalhar, usar nossa capacidade intelectual, ter lazer etc. Temos a necessidade de ter uma ocupação e uma relação com os bens materiais.

Além disso, tudo em nossa vida tem um começo, um meio e um fim. Temos o amanhecer, o dia e o anoitecer. O início do sono, o sono profundo e o despertar. Temos sempre um começo de uma jornada, um espaço no meio que temos que preencher e um final ou uma transição.

É muito difícil definir onde tudo começa e termina, sendo tudo em nosso mundo um processo de evolução onde as coisas são impermanentes; mas o fato é que, em nossa vida, desde a idade que iniciamos nossa consciência até a morte, precisamos preencher esse espaço com algo que nos ocupe e que nos faça utilizar o máximo de nossa capacidade.

Neste capítulo é a isso que ocupação se referirá: o modo como será usada a vida, para que de fato se possa contribuir com a humanidade e viver de forma a ter condições de adquirir o que necessitamos e conquistar o que sonhamos. Este capítulo trata sobre a nossa ocupação durante nosso período de vida e como enxergamos nossas relações com as coisas materiais.

Tudo o que compramos em nossa vida não pagamos com dinheiro, mas sim com tempo de vida. Esta é uma premissa adotada pelo ex-presidente do Uruguai, José Mujica. É um conceito bem interessante e define que, para que possamos comprar algo, devemos ter dinheiro. Para termos dinheiro, devemos trabalhar. E quando trabalhamos, dedicamos tempo de nossa vida para ganharmos dinheiro e podermos comprar algo. Dito isso, quando adquirimos algo, compramos com tempo de vida e não com dinheiro.

Sendo o tempo a única coisa que não se pode conquistar e que não volta mais, quando focamos nos bens materiais estamos gastando nosso tempo de vida para que possamos ter posses. Uma pergunta que podemos fazer neste momento é: quais coisas materiais valem o tempo de nossa vida? quando morrermos, levaremos apenas a vida que levamos e nada mais do que isso, e a vida é a única coisa que não se compra.

Segundo Mujica, com quanto menos coisas materiais conseguirmos ser felizes, melhor será a nossa qualidade de vida. Não seria uma apologia à pobreza, mas sim uma apologia à sobriedade. Durante o mandato, ele tinha o direito de comprar um avião presidencial. Em vez disso, ele comprou um helicóptero e o colocou a serviço da população, para salvar feridos em casos de acidentes. Ele chama este tipo de decisão de sobriedade.

Em nossa sociedade moderna, quando valorizamos bens materiais, acumulamos dinheiro, posses e bens, e quando temos foco nos bens materiais, possivelmente desenvolvemos valores mais egoístas e mais individualistas. Temos, muitas vezes, pelos meios de comunicação e pela cultura, a supervalorização de pessoas bem-sucedidas, com acúmulo de bens materiais e pessoas que passam a imagem que são felizes por serem bem-sucedidas. Valorizamos também quem nos proporciona prazer.

Vejamos os livros *best-sellers* nas principais listas do mundo. Muitos são relacionados ao acúmulo de bens materiais: "como se tornar um milionário", "como conquistar bens materiais", "como acumular riqueza". Adicionalmente, as redes sociais também têm sucesso baseado nessa premissa de acúmulo de ganhos e viver uma vida de ilusão.

Ao compararmos as sociedades antigas com a atual, arrisco dizer que, em termos de consumismo, regredimos muito. É fácil entender que não se tinha opções para incentivar um alto consumo nas sociedades antigas, mas tampouco se tinha a necessidade de consumo.

A falta de necessidade de consumo dava espaço a outras necessidades, como de evolução como ser humano e de evolução do pilar espiritual. Ao pensarmos nas sociedades antigas, o pilar espiritual era valorizado, e os cultos aos espíritos tinham mais significado que os cultos aos itens materiais que temos hoje. Não se trata de uma sociedade ser melhor ou pior do que a outra, mas sim de nos atentarmos para o culto ao materialismo e ao consumismo atual.

Por exemplo, quantas vezes nos deparamos com a vontade de trocar de carro, comprar um sapato novo, comprar uma roupa, ir ao cabeleireiro? Ou quantas vezes nos damos a desculpa de que trabalhamos muito e, por isso, merecemos nos presentear com algo que irá nos agradar? Isso já deve ter acontecido algumas vezes com você. Além disso, há também algumas "terapias" do consumo, com as quais se cura até carência.

A sociedade moderna está vivendo uma fase ímpar, na qual o acesso está extremamente fácil, mas as relações estão ficando cada vez menos estreitas. Isso se deve a muitos motivos, mas um deles é a nossa maneira rasa de viver, focada em mundos virtuais e em vidas que só existem nas redes sociais. Para cobrir essa ausência de intimidade entre seres humanos, temos algumas carências e doenças que são muito atuais, como níveis altíssimos de ansiedade e depressão.

Você já se encontrou em um momento mais vulnerável e, para curar esta vulnerabilidade, decidiu consumir algo, que seja um doce, uma comida ou até uma roupa ou um carro? Infelizmente, curar a carência com esse momento de compras gera um prazer momentâneo, que dura pouquíssimos minutos.

Vamos analisar nossa evolução como humanidade. Se compararmos o período romano, quando os soldados dirigiam bigas de guerra, com o período atual, em que os soldados dirigem tanques de guerra, o que mudou em termos de tecnologia? Mesmo sem nunca ter dirigido um tanque de guerra, sei que eles são equipados com armas metralhadoras, canhões, sistemas modernos de navegação, blindagem, esteira para enfrentar todos os tipos de terrenos, enquanto a antiga biga tinha apenas o soldado ou o guerreiro, um cavalo e uma lança.

Comparando esses dois instrumentos de guerra, é indiscutível que a tecnologia avançou em passos largos nestes últimos 2 mil anos. Mas se olharmos o militar que dirige o tanque de guerra com todos os apetrechos tecnológicos atuais e o soldado que dirigia a biga nas guerras romanas, quanto se evoluiu nos últimos 2 mil anos? Será que a evolução humana está acompanhando a evolução tecnológica?

Já se usa a tecnologia atual para desenvolvimento de robôs, *drones* e tanques autônomos para as guerras do futuro. Mas onde está a nossa evolução como ser humano? Será que se os nossos propósitos estivessem mais alinhados com nossos princípios de compaixão e fraternidade, não teríamos uma harmonia no mundo?

Evoluímos muito em tecnologia, mas ainda não aprendemos que precisamos evoluir como seres humanos e como sociedade. O mundo pode estar mudando e evoluindo, mas a nossa natureza como ser humano não está acompanhando, fazendo com que fiquemos em ilhas isoladas dentro de nossas páginas virtuais.

Sabemos que a nossa relação com o mundo material está distorcida por diversos fatores, mas o principal entre eles é a questão dos valores invertidos: estamos dando muito valor a coisas materiais e pouco valor ao que realmente é permanente.

Analisando os pilares anteriores, o pilar pessoal sempre existiu e sempre vai existir, pois jamais deixaremos de conviver com o nosso próprio eu. O pilar do relacionamento também sempre existirá. A natureza do ser humano é uma natureza social, e dificilmente conseguiremos viver como eremitas, até porque começamos nossa vida já em relacionamento, que é com a nossa família. O último pilar, que ainda será visto, é o pilar espiritual (se não há espírito, não há vida, não há fé, e a nossa vida perde o sentido). Esses três são pilares considerados permanentes, pois eles sempre existiram, ainda existem, e sempre existirão.

O pilar da ocupação, no conceito amplo, também é um pilar permanente, pois é fato que teremos uma vida inteira para nos ocupar, e quanto mais usarmos a nossa capacidade, mais felizes seremos. O ponto se torna impermanente quando usamos a nossa vida e a nossa ocupação apenas para trabalhar e ganhar dinheiro para comprar coisas materiais que são totalmente impermanentes. Se assim for, nossa vida passa a não ter mais sentido.

Para ficar ainda mais claro, o que seria permanente e impermanente? Permanente é algo que de fato existe. Se algo foi, é e sempre será, é algo permanente. Por exemplo: a natureza. A natureza sempre existiu, existe e sempre existirá, então é algo permanente. A evolução é algo permanente. Evolução sempre existiu, existe e sempre existirá. Tudo está em constante mudança e tudo está se transformando o tempo todo, então a mudança e o processo de evolução são permanentes. Tudo que é permanente não tem começo, meio ou fim. É algo que sempre existiu e sempre existirá. Não é efêmero. Outro exemplo: nossa alma, ou nosso desenvolvimento espiritual.

Quando acreditamos em uma força maior, que pode ser chamada de Deus, evolução ou ciência, sabemos que esses fenômenos são todos permanentes. A morte e o consumo de tempo em nossa vida são permanentes. Não conseguimos parar o nosso relógio biológico, então desde o nosso primeiro minuto de vida já estamos em direção ao consumo de tempo e em direção a nossa transição, que muitos chamam de morte. Como dizia a minha avó: "Para morrer, basta estar vivo". A morte, sendo inevitável, faz com que esse conceito seja permanente. Existiu, existe e sempre existirá.

Agora vamos para os bens materiais e para os valores que a sociedade está vivendo hoje. Valorizamos tanto comprar e trabalhar para conquistar tais bens que isso nos gera medo e ansiedade. Assim, trocamos tempo de vida por dinheiro, e dinheiro por carros, roupas, vinhos, alta gastronomia etc. Sabemos que a única coisa que não compramos de volta é o nosso tempo, então o gasto de nosso tempo é permanente.

Trocamos este consumo de tempo por um carro. O carro no passado existia? A resposta é não. Será que existirá no futuro? A resposta pode até ser sim, porém, com o avanço da tecnologia, talvez seja inventado um outro tipo de transporte, e o carro poderá ser substituído e até deixar de existir. Adicionalmente, se comprar um carro hoje, zero quilômetro, ele existia até ter sido fabricado? Não. Ele existirá por quanto tempo? Talvez uns cinco anos, ou, se receber ótimos cuidados, dure uns quinze anos, mas esse mesmo carro não existirá eternamente, pois o tempo consumirá essa matéria. O mesmo acontece com uma roupa ou qualquer outro bem material.

Isso faz com que classifiquemos esse bem material como impermanente, ou seja: ele existe, mas por um período determinado. Então, estamos trocando algo permanente, que é o nosso consumo de tempo, por algo impermanente, que provavelmente vai acabar e não terá mais valor. Como ocorre essa troca? Geralmente fazemos com algo que chamamos, no mundo moderno, de trabalho.

A palavra "trabalho" tem origem no vocabulário latino *tripalium*, que é um objeto de tortura formado por três (*tri*) paus (*palium*). Sendo assim, originalmente, trabalhar significava ser torturado com *tripalium*. Claro que, no mundo atual, na maioria das vezes, não enxergamos o trabalho dessa forma — a não ser que o olhemos como uma escravidão causada pelo desejo de bens materiais.

Para que houvesse a tortura, tinha que haver o torturado. Quem era torturado no *tripalium*, ou no trabalho? Os escravizados e os pobres que não podiam pagar os impostos. Assim, quem trabalhava, naquele tempo, eram pessoas destituídas de posses.

A partir deste ponto, a ideia de trabalhar passou a estar ligada não só ao fato de tortura em si, mas também como extensão das atividades físicas produtivas realizadas pelos trabalhadores que exerciam força física, como camponeses, artesãos, agricultores, pedreiros, entre outros. Esse sentido atravessou toda a Idade Média, e hoje essa palavra e a atividade são vistas como algo que dignifica o homem por meio da aplicação de nossos talentos, habilidades e conhecimentos.

Antigamente se trocava *tripalium*, trabalho ou tortura, por impostos. No mundo moderno, troca-se a mesma "tortura" por bens que são completamente impermanentes, e que, no momento de nossa transição para uma próxima vida, teremos trocado nosso tempo de vida por bens que ficarão neste plano. Levaremos para o próximo plano apenas a vida que tivemos.

No *Mito da caverna*, Platão descreve que alguns homens, desde o princípio de suas vidas e, portanto, sem ter qualquer tipo de conhecimento de outra realidade, se encontravam aprisionados em uma caverna. Nesse lugar onde se encontravam, não conseguiam se mover em virtude das correntes que os mantinham imobilizados. Virados de costas para a entrada da caverna, viam apenas o seu fundo. Atrás deles havia uma parede pequena, onde uma fogueira permanecia acesa. Por ali passavam homens transportando coisas, mas, como a parede ocultava o corpo dos homens, apenas as coisas transportadas eram projetadas em sombras e vistas pelos prisioneiros.

Certo dia, um desses homens que estava acorrentado conseguiu escapar e foi surpreendido com uma nova realidade. No entanto, as luzes da fogueira, bem como a do exterior da caverna, agrediram os seus olhos, já que ele nunca tinha visto a luz. Esse homem tinha a opção de voltar para a caverna e manter-se como havia se acostumado ou, por outro lado, podia se esforçar para se habituar à nova realidade. Ele podia, ainda, voltar para libertar os companheiros, dizendo o que havia descoberto no exterior da caverna. Provavelmente, eles não acreditariam no seu testemunho, já que a verdade era o que conseguiam perceber da sua vivência na caverna.

Esse é um conto de muita profundidade, mas ao olharmos as simbologias, podemos interpretar as sombras que esses homens olhavam durante toda a vida dentro da caverna como os bens materiais, pois são sempre ilusões. Não são verdadeiros e são projetados pela luz da fogueira, que pode ser interpretada como a luz do desejo. A luz do desejo que prende e aprisiona o homem nas coisas materiais.

O mundo atual está repleto de sombras e fogueiras, nos tentando com um consumo material sem limites e totalmente falso, mostrado em muitos acessos de redes sociais e que fazem com que troquemos nosso tempo de vida por tortura, que chamamos de trabalho.

Até agora só foi tratada a forma de nos ocuparmos e trocarmos o nosso tempo por coisas materiais. Esta é a origem de nosso sofrimento e, quanto mais desejarmos bens materiais, mais seremos escravizados e torturados em nosso trabalho para que possamos comprar tais bens. Esse é um propósito de ocupação da nossa vida muito raso, e isso nos manterá presos.

Trabalhar sem um propósito maior é uma tortura para o ser humano, e o que muda é apenas o objeto que motiva a punição, que antes eram impostos, e atualmente são os bens materiais.

Mas como podemos olhar a nossa realidade atual de outra forma? Ressignificando o trabalho, nossa ocupação e desapegando das correntes dos desejos de coisas impermanentes. Ocupando-nos com atividades que estejam alinhadas com os nossos valores de vida e com nosso propósito. A proposta é ter uma ocupação com significado, e não apenas um trabalho.

OCUPAÇÃO COMO PILAR DA FELICIDADE

Dito tudo isso, como podemos fazer para tornar este um pilar sólido e com significado? A nossa ocupação deve seguir um propósito de vida maior. Algo que de fato faça sentido para a nossa vida como ser humano e como ser divino.

A primeira grande lição que devemos levar é a de ter um propósito muito além do acúmulo de bens materiais. Ter um propósito que nos motive a fazer o que fazemos todos os dias, alinhado com nossos valores e crenças. Ocupar nossa vida e equilibrar entre um grande propósito de vida e a necessidade de vivermos em um mundo em que os bens são pagos com tempo de vida e, no final, com dinheiro. Devemos manter o equilíbrio e entender o verdadeiro significado de nossa ocupação. O que nos motiva a fazer o que fazemos?

Considerado um dos maiores estudiosos do tema felicidade no mundo, o psicólogo Martin Seligman, em seu livro *Florescer*, fez uma nova compreensão sobre a natureza da felicidade e do bem-estar e, para isso, criou um acrônimo, denominado PERMA, que significa:

Positive emotions — emoções positivas;
Engagement — engajamento;
Relationship — relacionamento;
Meaning and purpose — significado e propósito;
Accomplishment — realização.

Segundo o estudo de Seligman, para que o ser humano atinja o seu ponto máximo de realização e felicidade, alcançando a plenitude, ele precisa desenvolver esses aspectos em sua vida usando sua capacidade humana.

- Emoções positivas — fio condutor para o bem-estar e satisfação. Ampliam a consciência e estimulam novos caminhos para explorar pensamentos e ações;

- Engajamento — envolvimento consciente em determinada ação, ocupação ou trabalho, no qual utiliza todos os sentidos. Geralmente é associado a algum tipo de desafio. Exemplos claros de engajamento são encontrados em artistas, esportistas e escritores;
- Relacionamentos positivos — relacionamentos com familiares, amigos, companheiros, colegas de trabalho e pessoas em geral;
- Significado e propósito — significado, segundo Seligman, é o que é mais difícil de trabalhar, pois trata-se de uma conexão do indivíduo com algo maior. Segundo estudo, as pessoas que são mais espiritualizadas costumam apresentar melhores índices de felicidade. As pessoas que escolheram suas ocupações alinhadas com seus valores também se mostraram mais felizes e com maiores índices de bem-estar;
- Realização — obtenção dos objetivos estabelecidos para nós mesmos.

Segundo Seligman, um dos fatores mais difíceis de se trabalhar é o significado e propósito que damos para nossa vida. Sabemos que há começo e um fim, mas como preencher o meio da nossa vida? Por que fazemos o que fazemos e qual objetivo queremos atingir?

Antes de mais nada, precisamos entender que cada hora ou minuto que passa em nossa vida é um minuto que jamais volta e que não há como recuperar. Isso é importante para entender como pagamos as coisas que compramos.

Se continuarmos com o significado de trabalho para ganharmos dinheiro e trocarmos por algo impermanente, teremos uma vida de sobrevivência e procriação, e muito provavelmente sem um objetivo que nos "fará matar ou morrer por ele" e sem um propósito que acrescente algo e deixe uma herança para a humanidade, ou para aqueles que estão ao nosso redor. A ausência de propósito em nossa ocupação diária nos faz ter uma vida vazia e sem sentido, ainda que seja repleta de riquezas, carros e dinheiro.

Na Universidade Johns Hopkins (dos Estados Unidos), foi feita uma pesquisa com 7.948 estudantes sobre o que de fato era importante na vida deles. Somente 16% dos estudantes responderam que ganhar dinheiro era algo de extrema importância, ao passo que 75% dos estudantes responderam à pesquisa dizendo que encontrar um propósito de vida e ter uma vida com significado era mais importante.

O psicólogo Carl G. Jung, no livro *O homem moderno em busca da alma*, menciona que 30% dos pacientes dele não o procuravam por doenças neurológicas, mas sim por terem uma vida sem sentido e vazia. Ele mesmo descreve isso como neurose da modernidade. Esse livro foi escrito no começo do século XX, mas quanto mais passa o tempo, mais conseguimos evidenciar a verdade dessa afirmação.

Viktor Frankl, em seu livro *Em busca de sentido*, também escreveu que o vácuo em nossa vida é um fenômeno espalhado pelo século XX.

Olhando esse cenário, podemos entender melhor sobre a ausência de intimidade nas relações atuais, ausência de propósito e também podemos concordar que o homem moderno está ficando sem sabedoria. Não sei exatamente se podemos dizer que estamos evoluindo.

Segundo David T. Lykken, em estudo de 1996 com mais de 4 mil pares de gêmeos, foi constatado que 50% de satisfação com a vida vem de nossa natureza e nossos genes. Eles impactam a forma como lidamos com estresse, ansiedade e fatores da vida, definindo se enxergamos a vida com mais ou menos otimismo.

Outros fatores, como educação, religião, estado civil, renda e nosso bem-estar estão relacionados a apenas 8% de nossa felicidade. Isso é uma grande surpresa, pois significa que apenas 8% de nossa felicidade tem algo a ver com nossa renda e com nosso bem-estar, também englobando crenças, religiões e estado civil. Isso explica um pouco porque ainda temos muitas pessoas bem-sucedidas com baixo índice de felicidade.

Ainda nos sobra 42%, que, segundo Lykken, é um nível flutuante, que ele denomina *set point*. A este nível tendemos a regressar após altos e baixos da vida. Como exemplo, temos ganhadores de loteria que explodem de felicidade no momento que ganham, mas em menos de um ano já estão de volta ao estado natural predominante que tinham antes de enriquecer, afinal os ricos também têm que lidar com problemas diários, como qualquer outro ser humano: enfrentam trânsito, problemas de relacionamento etc. Sendo assim, 42% de nossa felicidade tem relação com a forma como enxergamos a vida e reagimos aos fatores diários que acontecem. Esse percentual está sob nosso poder e é determinante para a nossa felicidade, pois é o que conseguimos mudar.

Se somente 8% de nossa felicidade corresponde à renda e ao bem-estar, por que focamos nossa felicidade em tão pouco? Segundo Seligman, a felicidade que vem do prazer é transitória e difícil de melhorar, enquanto a que vem por meio de exercícios de como enxergar o mundo de forma diferente, que nos restam controle, é mais duradoura e está sob nossa responsabilidade. Isso inclui ajudar outras pessoas e fazer o que de fato você gosta e que sente que é único da sua pessoa. É o seu chamado, ou o que o fará deixar um legado.

DESAPEGO

O primeiro passo para sair desse ciclo vicioso ao redor de bens materiais é praticar o desapego. Desapegar de tudo o que é impermanente e se apegar apenas ao que é permanente. Ao trocarmos nossos valores para o que de fato importa, mudaremos a forma de "gastar" nossa vida.

Se você fosse a um médico hoje e ele lhe dissesse que teria apenas mais 30 dias de vida, como você viveria o tempo que lhe resta? E se o médico lhe dissesse que teria mais 30, 40 ou 50 anos de vida? Se suas respostas não tiverem sido iguais, por que não foram?

Ao saber que teríamos apenas 30 dias de vida, provavelmente gostaríamos de aproveitar nossos últimos dias como nunca, mas se soubéssemos que ainda temos muitos anos pela frente, sempre acharíamos que ainda temos bastante tempo. Mas o passar do tempo é permanente, e chegar a essas idades acontecerá de forma tão rápida que nem vamos perceber.

Com 30 dias vivemos de uma forma sem apego a nada, pois sabemos que logo passaremos pela transição. Isso nos faz ter uma vida mais leve e sem preocupações. Sem nos tornarmos escravos do mundo material.

Certa vez um viajante aventureiro, carregando apenas a sua mochila e seus pertences, estava precisando de uma orientação espiritual e resolveu ir até a casa de um sábio monge para receber esta orientação. Chegando à casa do monge, o viajante percebeu que não havia móveis e que o monge estava sentado no chão da casa meditando. Ele se aproximou do monge e perguntou:

— Monge, onde estão os móveis da sua casa?

O monge, em pleno estado de meditação, respondeu com a mesma pergunta para o viajante:

— Viajante, onde estão os seus móveis?

E então o viajante intrigado respondeu para o monge:

— Mas eu estou no meio de uma viagem. Como posso carregar meus móveis comigo?

E então o sábio olhou bem no fundo dos olhos do viajante e, com um belo sorriso nos lábios, respondeu:

— Que coincidência. Eu também estou no meio de uma viagem.

O desapego nos traz liberdade para tomarmos decisões com base no que nos faz mais feliz. A liberdade deve ser seguida de perto e com responsabilidade, pois assim teremos a liberdade nas nossas próprias ações; logo, nossa responsabilidade deve crescer na mesma proporção da liberdade. Sendo assim, teremos para nós a responsabilidade de usarmos nosso potencial humano para nos ocuparmos com aquilo que faz sentido em nossa vida e que de alguma forma contribui para aqueles que estão ao nosso redor.

Muitas vezes somos apegados a fatos que nem existem e são apenas criados em nosso mundo por insegurança e medo. O desapego a coisas materiais vai nos levar ao desapego do nosso emprego ou trabalho. Vamos estar abertos a enxergar de forma ampla como podemos ser mais úteis para a sociedade e nos satisfazer utilizando nosso potencial de forma a contribuir para o próximo sem inseguranças. Estaremos abertos a novas vivências e oportunidades, possivelmente alinhados com nossos valores e crenças.

Frankl, em seu livro *Em busca de sentido*, comenta sobre pacientes que perdem o emprego e, por causa disso, se sentem inúteis. Ele chama isso de neurose do desemprego e definiu uma dupla identificação errônea. Estar sem emprego era considerado o mesmo que ser inútil, e ser inútil era considerado o mesmo que levar uma vida sem sentido. O tratamento, segundo ele, era persuadir os pacientes para trabalharem como voluntários em organizações sociais, e assim eles preenchiam o abundante tempo livre com atividade não remunerada, mas significativa e portadora de sentido. A depressão desaparecia, embora a situação econômica não tivesse mudado e a fome continuasse a mesma.

A verdade por trás disso é que o ser humano não vive apenas de sentir-se bem. É preciso ocupar o nosso tempo com atividades que nos proporcionam mais do que bem-estar, que, inclusive, pode ser substituído, pensando em nossa saúde mental.

O apego nos deixará sempre escravizados ao nosso trabalho ou às nossas necessidades materiais. Sócrates comentava que o indivíduo é realmente livre até o ponto de seu autodomínio. Os que não governam a si mesmos estão condenados a encontrar senhores que os governam.

O que governa você? Qual o seu nível de autodomínio para seguir o seu caminho e fazer o que realmente é o seu chamado da alma?

Fazer o chamado da alma levou muitos mestres ao que chamamos de liberdade e a não mais ser escravos de bens materiais ou de um simples emprego.

Assim definem muitos CEOs de sucesso: quando fazemos o que gostamos, não se trabalha mais nem um dia na vida.

USO PLENO DO POTENCIAL HUMANO

Quando limpamos de nossa vida o apego e a escravidão do mundo material, conseguimos enxergar melhor nosso propósito de vida e o sentido para tudo o que fazemos, pois já não somos dependentes do trabalho. Conseguimos otimizar nossos padrões mentais e melhorar nossos padrões comportamentais. Com o uso do potencial humano, podemos construir relacionamentos mais saudáveis, melhorar nossas ações, ter mais motivação para agir e executar o que precisa ser feito com base em nosso propósito.

Quando temos um foco equivocado em nossa vida e trabalhamos como escravos dos bens materiais, o propósito se torna enfraquecido, e por isso a nossa geração moderna (começando com a geração pós-Revolução Industrial, incluindo *Baby Boomers*, geração X, *millenials* e geração Z) está enfrentando um vazio de sabedoria.

Nosso potencial é ilimitado. Quanto mais o usarmos, mais nos sentiremos úteis e produtivos. Quando nos sentimos úteis e produtivos conseguimos alcançar um patamar de completa realização.

Para uma total utilização do nosso potencial, precisamos, antes de mais nada, saber o motivo para o qual viemos a este mundo. Como foi dito no pilar pessoal, o autoconhecimento é fundamental para se chegar no que iremos nomear de chamado da alma. Qual o seu chamado da alma? O chamado da alma é a mensagem que só você conseguirá passar. É o motivo maior pelo qual você veio a este mundo. É o que mudará o *status* da vida que está vivendo para a vida que você gostaria de viver. É o divisor de águas que separa a vida de ser humano inferior, que está neste plano para sobreviver e procriar, para a vida de ser humano superior, que está neste plano para contribuir de forma mais ampla e mais sólida para a humanidade como um todo. Atender ao chamado da alma é a única forma de nos sentirmos plenos e utilizarmos todo o nosso potencial humano. Todas as outras formas serão parte apenas de uma vida mediana, atendendo ao plano material, para sobreviver e procriar, como zumbis. Estamos neste mundo para viver.

Steven Pressfield, no livro *A guerra da arte*, comenta que a única forma de enfrentarmos a nossa resistência interior para chegarmos aos nossos objetivos é o amor que temos pelo nosso propósito e pelo chamado da alma. O chamado da alma é o que nos faz ser únicos. A resistência é a força interna que enfrentamos para não chegarmos em nosso objetivo e permanecermos no conforto de uma vida mediana e medíocre, que são sinônimos. É a resistência que nos leva a procrastinar e postergar nossos planos divinos e nosso principal motivo para viver.

O uso máximo do potencial humano jamais será alcançado se preenchermos nosso dia com atividades que não nos pertencem. Isso satisfará apenas o eu inferior, tendo uma vida medíocre, em busca de procriação e sobrevivência.

Quando falamos em felicidade, segundo teoria de Martin Seligman e estudos realizados em 2020, afirma-se que é possível alcançar três níveis, sendo eles:

Felicidade superficial — focada em prazeres. Ter tantos prazeres quanto for possível e somar habilidades para potencializar os prazeres. Esta é uma atitude focada apenas no egoísmo e não acrescenta muito para a humanidade como um todo. Tornamo-nos escravos de nossos desejos e faremos o nosso melhor para satisfazer apenas 8% de toda a nossa felicidade. É momentânea e difícil de ser alcançada, pois muitas vezes não está sob nosso controle.

Felicidade com foco no engajamento do seu eu — está relacionada ao seu posicionamento no mundo e representa a sua assinatura. O que de fato você é e como se posiciona. Muito relacionada a ego e satisfação própria. Não é focada em materialismo, mas ainda é egoísta, pois pensa somente em sua própria satisfação.

Felicidade de vida significativa com foco no valor — é a potencialização de seus valores e forças a serviço de algo que possa ser maior que você mesmo. Faz a vida se tornar plena e proporciona um verdadeiro chamado da alma em prol da humanidade. Essa felicidade é mais constante e está 100% relacionada com o tipo de ocupação que você decidiu ter em sua vida e, principalmente, o motivo para se ter tal ocupação. Ela fará que você se sinta 100% pleno e utilizando o total da capacidade humana, com corpo, mente e alma atuando juntos.

Com uma ocupação que nos faz sentirmos completos, vamos chegar ao nível de satisfação total, com felicidade plena e autêntica, e nos sentiremos úteis para a humanidade. Iniciaremos a contribuição para a sociedade como um todo e sairemos de um nível de coerência social para a contribuição social.

Para especificar melhor os níveis de participação na sociedade, temos cinco níveis:

1. Coerência social — compreendemos a sociedade e dotamos de significado;
2. Realização social — passamos para um segundo nível, em que acreditamos que a sociedade possui potencial de crescimento e evolução;
3. Integração social — começamos a sentir que pertencemos à sociedade, pois buscamos evolução e acreditamos que a sociedade também tem condições para evoluir. Entendemos que somos aceitos por ela;
4. Aceitação social — começamos a aceitar muitas partes da sociedade, ou a maior parte dela. Até este nível apenas fazemos parte e aceitamos a sociedade, mas não contribuímos para sua evolução;
5. Contribuição social — começamos a viver uma vida em que passamos a contribuir para a sociedade melhorar. Fazemos aquilo que só nós mesmos conseguimos fazer, que é o nosso propósito maior.

Em resumo, o que devemos buscar é uma ocupação que faça sentido em nossa vida. Uma ocupação que contribua para um bem maior e que seja possível deixar um legado para a humanidade. Uma ocupação que possamos deixar uma marca e um ambiente melhor do que encontramos. Esse propósito não necessariamente precisa ser grande para que todos vejam, como erradicação da fome, mas ele precisa ser grande o suficiente para deixar você satisfeito(a). Ele precisa ter sentido suficiente para vencer todas as barreiras e deixar de lado a escravidão do trabalho, escravidão esta que já foi explicada e que só é vista dessa forma se o trabalho só servir para pagar e comprar bens materiais. Precisa ter sentido e dar sentido à vida. É o motivo para a ação que fará vencer todas as forças contrárias à realização do propósito. É o que trará felicidade e sentido para tudo. Enquanto estivermos presos aos bens materiais e aos desejos, sem escutar o chamado da nossa alma para o nosso propósito maior, estaremos vivendo uma vida de procriação, sobrevivência e trabalho no sentido original da palavra, escravos de nossas próprias escolhas, do nosso eu inferior.

Podemos encontrar agora milhares de justificativas para o fato de não encontrarmos uma ocupação que dê sentido a nossa vida: a escola ou futuro dos filhos, a necessidade de oferecer um bem-estar melhor para a família, o dever de pagar o plano de saúde dos nossos pais ou filhos, a urgência de consertar o carro, entre diversas outras que podemos dar, mas o fato é que quando temos essas desculpas, ainda estamos presos e apegados a fatores externos. E esses fatores externos, como forma de resistência, vencem a guerra contra o nosso interior e o nosso maior propósito, o núcleo de nossa vida e o motivo principal de nossa existência.

Mesmo o maior amor que encontramos na Terra, que é o amor de mãe para filho, não deveria ser suficiente para vencer o amor-próprio, que deve ser maior. Maior que tudo que existe, e, lembremos, os filhos vêm para nos ensinar e não o contrário.

Há um verdadeiro motivo para sua vinda à Terra, e este é o seu pilar de sustentação na questão ocupação.

Mahatma Gandhi dizia que a sua missão não era apenas contribuir com a fraternidade dos indianos. A missão dele não estava simplesmente na libertação da Índia, embora seja a primeira beneficiária na prática da sua verdadeira missão por toda a vida e por todo o tempo. Por meio da libertação deste país, ele tinha como principal missão atuar e desenvolver a fraternidade dos seres humanos. A Índia seria apenas o canal e o exemplo para atingir uma missão muito maior.

Se Gandhi vivesse apegado ao mundo material, com inseguranças e desculpas, ele viveria uma vida em um nível muito inferior a sua verdadeira missão, atuando como advogado, ou funcionário de alguma empresa, e a humanidade deixaria de ter um legado coberto de valores e ensinamentos. Deixaríamos de aprender as lições que Gandhi nos deixou como herança.

A verdadeira missão de Buda foi ensinar aos seus discípulos a necessidade de amar a si mesmo, amar ao próximo, ensinar que o sofrimento está nos desejos, inclusive no mais nobre desejo de ser feliz, e que há um caminho para sair do sofrimento. Esta foi a nobre missão de Buda, de forma extremamente simples. Ele largou toda a sua vida de riqueza e poder, como príncipe, para experimentar a realidade da vida e viver de forma a contribuir para a sociedade. Aprendeu o caminho da liberdade e da iluminação e então ensinou aos seus discípulos como chegar e alcançar este caminho.

No *Mito da caverna* de Platão, o prisioneiro que decidiu sair da caverna em busca de uma vida mais plena teve uma vontade despertada de cumprir o seu papel. Como uma metáfora muito bem exemplificada pelo filósofo, este prisioneiro decidiu por si só, sem nenhuma interferência externa, ir em busca de algo maior que só seria possível encontrar fora da caverna. Ele se permitiu viver e ir em busca da iluminação; quando a encontrou, não se satisfez, mas sim precisou regressar para a caverna, com um sentimento puro de fraternidade, para resgatar os demais prisioneiros que lá estavam. A máxima de sentimento deste prisioneiro que se libertou foi compaixão e fraternidade. Ele só encontrou sentido em tudo quando ele entendeu que precisava contribuir na sociedade, a qual ele fazia parte, libertando os prisioneiros acorrentados dentro da caverna.

Com uma missão tão nobre como os demais, Jesus também veio à Terra com a missão de pregar fraternidade, compaixão, justiça e amor ao próximo. Ensinou que se tivéssemos de guardar um só ensinamento, este seria o de amar ao próximo como ama a si mesmo.

Cada um veio com missões muito maiores que eles próprios, e todos nós temos a nossa missão e o nosso legado. A missão de todos é muito maior que um simples acúmulo de riqueza ou a invenção de uma tecnologia ultramoderna. Eles vieram com a missão de serem humanos, deixando a humanidade melhor do que a encontrada. Quantos seres humanos iluminados encontramos nos dias de hoje? Quantos dos 7 bilhões de seres humanos que somos estão focados em deixar a humanidade em condição melhor que encontraram, e quantos estão apenas interessados em acumular riqueza e bens materiais? Se não encontrar uma pessoa que esteja interessada em fazer um bem maior para a humanidade, seja esta pessoa. Faça o bem para a sociedade ao seu redor. Descubra o seu verdadeiro propósito e persiga este propósito com todas as suas forças. Viva uma vida plena e com a responsabilidade que nos foi atribuída como seres humanos.

Qual é o seu propósito, sua missão e o seu legado? Qual é o chamado da sua alma e que ocupará a sua vida?

PILAR ESPIRITUAL

E no final, o que é um corpo sem espírito?
O que me fortalece? Para onde vou?

Nesta etapa já é possível compreender que tudo começa dentro de nós, formando o primeiro pilar, o pessoal. Depois de esse pilar estar desenvolvido, foca-se no pilar de socialização, denominado aqui de relacionamento. De nada adianta termos evolução pessoal integral se guardamos somente para nós. Tanto nossas relações sociais quanto as missões dos grandes mestres que serviram à humanidade exemplificam que cada uma das relações que criamos ao longo de nossa vida em momentos distintos nos ensina algo. O terceiro pilar refere-se a como ocupamos a nossa vida, ao que fazemos para nos sentirmos felizes e como vivemos a nossa vida no plano material. O quarto e último pilar, então, é o pilar **espiritual**, ou **energético**.

Por que "espírito" ou "energia"? Uma vez abordando o tema dessa forma, qualquer possibilidade de menção religiosa é eliminada, podendo-se focar no aspecto maior, que é apenas entender que existe um plano acima do nosso plano terreno. Se pensarmos na energia que somos, inclusive provada cientificamente pelas fotos Kirlian[3], poderemos entender como uma forma de manifestação do nosso lado espiritual.

---

3. Fotos que registram a passagem de correntes elétricas da superfície de materiais biológicos ou não.

Primeiramente, tentemos entender nossa origem. Sob o ponto de vista biológico, a nossa origem já está explicada em diversas linguagens, desde a mais leiga até a mais científica possível.

Como sou leigo nesse assunto, exponho de forma superficial: nascemos da junção entre um espermatozoide mais rápido ou mais preparado e um óvulo em perfeita condição, somada a uma série de outros fatores que dão acesso à vida. Parece simples sob este aspecto, mas, como dizia Platão, tudo nasce no campo das ideias. Antes de isso acontecer, existem diversos acontecimentos que são necessários para o nosso nascimento. É necessário um encontro entre o casal ou uma decisão de uma gravidez, é necessário um ato sexual ou uma intervenção médica para a geração do bebê, é necessário que tudo ocorra dentro dos padrões da nossa natureza para que o feto seja gerado saudavelmente e com condições de vir ao mundo, e então é necessário que o bebê nasça com vida.

Esse resumo não descreve sequer um milésimo do processo de gravidez sob o ponto de vista biológico, mas vêm as perguntas: E sob o ponto de vista do campo das ideias? De onde vem a "formatação" desse ser humano que está nascendo? Conforme logo os pais percebem, a criança tem vida própria desde o nascimento. De onde vêm essas características únicas desde o início? De onde vem essa alma ou energia que habitará esse corpo?

A tentativa de explicar o processo biológico é, nada mais nada menos, que a manifestação e a materialização de ideias que nasceram em outro campo energético, muito acima do que temos em nossa consciência. Sendo assim, podemos afirmar que tudo, absolutamente tudo em nosso universo, um dia pertenceu ao campo da energia ou das ideias somente. Ainda não eram materializados. Existiam, mas em outra dimensão.

Imaginemos o primeiro navegante que decidiu enfrentar a imensidão do mar, correr o risco de cair no abismo que pensavam que existia, para então descobrir novos mundos e novas terras. Um dia essa coragem e braveza foi apenas uma ideia no campo das ideias.

A invenção que colocaria um imenso objeto voando, um dia era somente ideia, mas depois foi materializada, e hoje o avião parece algo leve e quase invisível no ar.

Tudo que existe como matéria hoje foi, em algum momento, apenas uma ideia em um local que desconhecemos. Tudo que é ideia é possível materializar.

Essa parte está fácil de entender, porém, como se faz a ponte do campo das ideias ou do campo onde tudo é energia para o campo onde quase tudo é matéria? Se as ideias são apenas energias e estão em outra dimensão, quem é o agente da ponte entre esses dois mundos?

Existe um mundo que ainda não conseguimos entender na íntegra e está completamente fora da nossa consciência. É um campo energético ou um campo que domina muitas forças além da nossa simples força física. Uma dimensão que não é acessada pela nossa mente ou razão. Um campo que ainda estamos pesquisando, procurando respostas para muitas perguntas que temos. O fato é que tudo nasce neste universo paralelo ao universo físico que vivemos. Isso gera necessidade de uma ponte entre esses dois mundos.

O quarto pilar do ser humano é a ponte entre um mundo maior, com muitas ideias que já estão fisicamente implementadas na nossa realidade e muitas outras que ainda estão por vir. Um mundo de energia e um mundo que está acima de nosso plano físico. É um mundo que nos alimenta muitas vezes de esperança e fé. É um mundo que nos complementa, pois ele acessa informações que estão acima do nosso entendimento.

O quarto pilar do ser humano, que podemos chamar de espírito ou energia, é o que está ligado a um mundo além do nosso mundo físico, uma ligação com algo maior. Uma conexão entre o campo das perguntas, que é o nosso físico, com o das respostas que ainda não acessamos, que é o campo misterioso da energia e da espiritualidade. Poderíamos chamar também este quarto pilar de "Eu maior" ou, como normalmente é explicado para as crianças, de nosso "anjo da guarda", mas, para que fiquemos em um só conceito, vamos chamar esse pilar de espiritual.

Podemos entender esse pilar como a origem de tudo, sendo a origem da nossa vida o pilar mais importante. Ao desenvolvermos o pilar espiritual, automaticamente os outros pilares seguirão na mesma evolução, pois é impossível termos o pilar espiritual em um alto nível de evolução e não nos conhecermos profundamente, não ser fraterno, não ter compaixão e não valorizar corretamente a matéria, ou o mundo material. Não condiz com a evolução espiritual.

Estamos tratando do desenvolvimento do pilar espiritual, e não religioso. Mas qual a diferença? Religião muitas vezes se refere a dogmas, culturas, crenças e estruturas hierárquicas em que as opiniões de alguns membros são mais importantes que o próprio desenvolvimento espiritual. Muitas vezes tem seu próprio valor moral. A palavra "religião" muitas vezes é utilizada como sinônimo de fé ou espiritualidade. Se falarmos de religião, separamos por cristianismo, islamismo, espiritismo, judaísmo, ateísmo, entre outras, mas todas elas se juntam quando falamos de espiritualidade. A espiritualidade está acima das religiões. Na espiritualidade está a busca das religiões.

Assim, a questão espiritual e energética é diferente de religião, que separa ideias de crenças. A espiritualidade trata da existência e da evolução da alma, do espírito ou da energia que nos circunda. Esse pilar parte do pressuposto da crença em uma força superior, que pode ou não ser chamada de Deus, mas também pode estar na natureza, na ciência ou em absolutamente tudo. Energia é tudo. Essa força está em tudo, pois absolutamente tudo, um dia, esteve somente no plano das ideias.

O planeta Terra, segundo estudiosos, existe há apenas 4,5 bilhões de anos. O universo há 13,7 bilhões de anos, mas, e antes disso? Não existiam? Então não havia nada? Como foram criados?

O fóssil do ser humano mais antigo encontrado na Terra é de apenas 3,2 milhões de anos, que é o esqueleto de Lucy. Mas e antes? Não existia ser humano? Tudo sempre existiu no campo das ideias, mas na ideia de quem? Simplesmente no campo das ideias de um mundo energético, que podemos ou não chamar de Deus. Esse campo energético alimentado dentro de nós pode-se chamar de espiritualidade. Há uma energia que liga tudo e todos. No trecho do pilar do Eu, já foi abordado o conceito do "Uno igual a Todo".

Seguindo com a clareza do que é espiritualidade, tomemos como exemplo um ser humano que dominava o eu, tinha bons relacionamentos, entendia seu papel, mas não tinha a espiritualidade bem desenvolvida: Adolf Hitler.

Hitler era um ser humano que tinha um alto nível de autoconhecimento, poder de persuasão altíssimo, um objetivo de vida extremamente claro e que era muito importante para ele. Perseguia esse objetivo com muita força e perseverança, porém não tinha o pilar espiritual desenvolvido nem compaixão e fraternidade. Com isso, ele conseguiu criar um dos episódios mais tristes e sem sentido na História da humanidade.

Essa situação é clara com relação à ausência da espiritualidade em uma pessoa. Hitler tinha um alto potencial de exercer bem suas funções; já imaginou, se tivesse o pilar espiritual desenvolvido, como essa história poderia ter sido invertida? Você imagina como seria o mundo se a força de Hitler fosse invertida para o bem da humanidade?

Somos capazes de conseguir qualquer objetivo, mas sem a espiritualidade desenvolvida podemos usar a nossa capacidade para fins distantes da nossa fraternidade e compaixão.

Vamos comparar um sábio de algum monastério budista ou mesmo algum filósofo que contribui com conhecimento, com alto grau de espiritualidade e alto potencial mental, a um executivo de grandes empresas de nossa modernidade, como a Apple. Certamente ambos possuem alta capacidade mental, capacidade de pensamento, inteligência, entre outros valores, mas só o sábio tem alto grau de espiritualidade desenvolvida.

O sábio utiliza sua mente para gerar evolução dos seres humanos ou dos discípulos que estão ao seu redor. Já se considerarmos o executivo de alto nível, cobrado muitas vezes por resultado financeiro, e cujo foco é reduzido na espiritualidade, perceberemos que ele formará um império enorme de grandes resultados materiais, mas de pouco impacto na humanidade, analisando sob o ponto de vista de evolução do ser humano ou da humanidade.

A evolução com baixo foco espiritual é apenas uma evolução material no plano físico. Pessoas com um iPhone da mais alta tecnologia na mão, sendo escravas desse bem material, não se tornam mais humanas, ao contrário: esse bem não será útil para a evolução da humanidade. Aliás, a tecnologia do *smartphone* certamente ficará obsoleta em um espaço muito curto de tempo.

O executivo tem a sua mente virada para o resultado material, enquanto o sábio para o desenvolvimento espiritual ou para a evolução como ser humano.

Somos como um metal. O estanho, quando esquenta e está perto do fogo, derrete e fica líquido; quando está frio, fica denso. Nossa origem é muito parecida. Quando estamos espiritualmente evoluídos, ficamos mais flexíveis e mais metafísicos, mas quando estamos mais próximos dos valores mundanos, como poder, bens materiais, ego, entre outros valores efêmeros, ficamos densos e frios como um metal. Nós somos natureza pura e, inclusive, parte integrante dela. Ao olharmos a natureza, enxergamos todos os segredos da vida; ao olharmos para nós mesmos, somos parte integrante desses segredos, pois somos a natureza.

Ainda mencionando a metáfora da caverna de Platão, no momento em que o prisioneiro decidiu sair da caverna em busca de evolução, essa decisão estava apenas no plano das ideias. Ela não tinha sido executada e ainda não estava no plano físico. O personagem simplesmente tomou essa decisão por alguma iluminação ou inquietude que ele teve. Ele não sabia o que poderia encontrar quando buscasse alguma evolução, ou quando saísse daquela situação já conhecida.

Ao sair da caverna, ele enxergou um brilho que jamais tinha visto e que tampouco pudesse encarar, que era a luz do sol. Ele encontrou a iluminação, a ideia do bem. Assim aconteceu com alguns sábios que viveram em nosso planeta, como Jesus, Buda, entre outros já mencionados.

A iluminação é o caminho divino. É o encontro do nosso eu físico com o nosso Eu maior, é a luz máxima da sabedoria. Somente por meio do nosso Eu maior que conseguimos fazer essa conexão. No conto de Platão, quando o prisioneiro encontrou a luz, imediatamente ele teve o sentimento de compaixão e fraternidade. O amor ao próximo, que é uma energia que vem da bondade e que só se conecta com o ser humano pelo espírito. Não há mente ou coração que possa compreender essa linguagem ou energia. Essa é a luz do interesse do universo e está acima da luz do nosso interesse. Nesse momento, nasce um ofício sagrado, ou seja, um sacrifício (na etimologia de "sagrado ofício") de colocar o espiritual acima do nosso próprio interesse.

No mundo moderno, temos muitas prioridades materiais. Muitas vezes focamos no que gostaríamos de parecer e não no que realmente somos. Temos uma prioridade baixíssima em nossa evolução espiritual e na evolução espiritual do ser humano como um todo. Foca-se em ir para a Lua, acumular riquezas, ter bomba atômica, mas não se foca em usar esses recursos para erradicar a fome, equilibrar a renda no mundo, acabar com a miséria, entre outros assuntos que afligem uma grande parcela de nossa população.

Com a riqueza e o conhecimento que temos no mundo, será que a miséria do planeta é uma questão de falta de recursos? Não seria a falta de fraternidade daqueles que concentram recursos? A fome é uma falta de comida ou uma falta de honestidade daqueles que têm muito? Será que o que está faltando para a humanidade no mundo moderno não são valores e verdadeiro entendimento do que é ser humano?

O nosso Eu maior, ou espírito, é o que nos conecta com o Todo; essa conexão nos faz maiores do que somos em nosso plano físico. O pilar espiritual potencializará o pilar pessoal, aumentando o nosso poder mental e o nosso cuidado com o corpo físico.

Somente com a evolução espiritual conseguiremos ter as palavras mais claras e verdadeiras; teremos sentimentos nobres, como o amor-próprio e o amor ao próximo; e poderemos elevar nosso pensamento, que é o que nos gera felicidade plena.

Podemos ter os outros três pilares bem desenvolvidos e até conseguir viver bem no plano material, mas sempre nos faltará algo, pois viveremos limitados ao nosso eu inferior.

O espírito é o que separa o nosso instinto animal, que é focado em sobrevivência e reprodução, do nosso Eu maior, que é focado em fraternidade, compaixão e contribuição para a evolução da humanidade. O nosso eu animal não busca ser feliz, busca apenas sobreviver. Somente o Eu maior busca sentimentos de ser humano, como ser feliz e viver o amor.

Todos nós temos muito o que mudar e evoluir. Podemos ao longo de nossa vida transformar nosso interior e o meio em que vivemos, mas a transmutação só pode ocorrer no nível espiritual.

Transformação é uma questão de forma. Conseguimos transformar a nossa sociedade em uma sociedade de baixo índice de violência pela coesão da polícia, por exemplo. Podemos transformar em uma sociedade que respeite as leis impostas por força maior. Mas essas transformações são externas.

Podemos ver muitos casos de uma "sociedade transformada", mas que, por uma falta de coesão, tiveram sérios problemas. Por exemplo, quando temos greve de polícia em algum estado, e podemos mencionar os casos de Espírito Santo e Rio Grande do Sul, ambos em 2017, e de Londres (na Inglaterra) em 1919, a sociedade se "deforma", e todos passam a levar vantagem da situação. Em todos os casos, cidadãos comuns e de diferentes classes sociais passaram a saquear locais, aproveitando-se da situação vivida naquele momento. Isso ocorre porque a sociedade pode até estar segura e transformada, mas sem coesão.

A transformação é forma, portanto, externa. As sociedades que chegaram em níveis mais elevados de transmutação em determinado ponto de vista, como a do Tibete no sentido religioso, do Japão em honestidade, do Butão em felicidade, passaram por transmutações coletivas, e quando um indivíduo não respeita as leis sociais e culturais presentes naquele país, automaticamente ele será excluído da sociedade. Diferentemente da Indonésia, que, por coesão com uma severa punição para casos de drogas, proíbe entorpecentes e inibe com suas severas leis, logo, usando o medo.

Há muitas discussões entre profissionais da área de risco, fraudes e gestão de compliance sobre formas e motivos existentes para se evitar evasão financeira ou perdas dentro das organizações. Muitas opiniões convergem sobre a necessidade de se ter políticas antifraudes bem definidas e processos que controlam as ações e atitudes dos seres humanos em geral. Nesses fóruns, há inclusive discussões sobre o motivo muito interessante que jamais imaginaríamos para a nossa casa ter fechaduras. De toda a população (100%), 1% jamais roubará sua casa, com ou sem fechadura; 1% da população roubará sua casa até com fechadura; mas a questão é que 98% de toda a população só não rouba a sua casa porque tem fechadura. Isso é transformação por coesão de uma fechadura.

Quando falamos de transmutação, a mudança é interna. A transmutação só é possível com a evolução espiritual, ou seja, com a evolução de dentro para fora. Evolução de nosso espírito e do nosso Eu maior.

A evolução da nossa sociedade moderna está ligada a acúmulo de riqueza, evolução tecnológica, armas bélicas, mercado financeiro, entre outros. Para todos esses quesitos existem índices de medição da evolução, mas não há índice de nossa evolução espiritual ou como ser humano. Por que não é criado um índice de evolução humana, que englobe melhor distribuição de renda, redução da miséria, da pobreza, no qual sejam aplicadas multas para seres humanos que não contribuem para a evolução desse índice?

Se a humanidade evoluir espiritualmente, automaticamente o valor das coisas materiais deixará de existir; logo, não será mais necessária fechadura em nossa casa, pois a maior parcela da população não vai pensar em roubar sua casa. Trata-se de uma mudança profunda e em um plano acima do plano físico e mental. É uma transformação do mundo espiritual e, como no mundo espiritual não há forma, há uma transmutação no plano metafísico do nosso ser superior.

Desde os primórdios da existência o ser humano cria cultos a uma força maior. Em quase todas as histórias de civilizações, há a ocorrência de uma espécie de ritual ou culto a algo maior que nós mesmos — uma força que sempre foi venerada e reconhecida. As civilizações antigas tinham como base a espiritualidade e olhavam a realidade com outros olhos, enaltecendo poucas questões materiais, e valorizando muito a espiritualidade e a eternidade da alma. Sabiam que o que coordenava o corpo era algo maior.

É o nosso espírito que nos conecta com o nosso Eu maior e com o Todo; é ele que aumenta o nosso potencial como ser humano. No espírito está a verdadeira evolução. O nosso potencial físico é extremamente limitado, mas o potencial espiritual ligado ao todo é infinito.

Se no dia de hoje encontrássemos uma lâmpada mágica e pedíssemos para o gênio a realização de três desejos, como amor, dinheiro e felicidade, certamente nosso pedido seria aceito e teríamos amor, dinheiro e felicidade com a potencialidade que temos hoje, ou seja, com o que temos atualmente. Se pedíssemos para o mesmo gênio para que evoluíssemos como ser humano, automaticamente teríamos a nossa potencialidade como ser humano maior, e, se esse fosse o primeiro pedido, os outros dois que viessem posteriormente seriam potencializados em um nível mais alto que o que temos hoje. O nosso potencial de crescimento está em nosso espírito, e não em nosso plano físico.

Como podemos entender melhor a ligação de nosso espírito?

No início deste livro, há o conceito do Uno igual ao Todo, começando com as células que formam um órgão, e terminando com seres humanos de todo o planeta ligados por culturas, cidades, países e continentes.

Imagine uma grande piscina cheia, com algumas pessoas dentro dessa piscina. Se apenas uma pessoa tivesse um problema de pele, certamente esse problema passaria para as outras pessoas que estão nessa piscina. A água é a conexão entre todos.

Para exemplificar a nossa conexão e melhor explicar este conceito, gostaria de me apropriar do exemplo de Lucia Helena, professora de filosofia da organização Nova Acrópole. Imagine um belo colar de pérolas. A pérola brilha por si só, mas, para a beleza daquele colar, é preciso que se tenha um cordão, que passa dentro de cada pérola. De modo figurado, sob o olhar da pérola, provavelmente ela não enxerga o cordão, pois ele está passando dentro dela mesma, e muitas vezes ela não tem olhos que enxergam este cordão, mas o fato é que estão todas as pérolas conectadas pelo "espírito" do colar. Existe um pedaço do todo em cada pérola. No plano do pensamento, somos todos interligados pelo nosso espírito.

Quando reconhecemos que estamos ligados ao todo e mudamos nossa forma de pensar, alterando nossa programação e elevando nossos pensamentos para algo maior, em prol da humanidade, aumentamos representativamente nosso potencial, pois estamos conectados a algo maior. Essa conexão vai nos elevar como ser humano e nos proporcionar crescimento.

O nosso último e mais importante pilar, que é o espiritual e energético, nos conectará com algo maior, e esta conexão vai potencializar o desejo de fraternidade e compaixão.

Conscientes desse pilar, vamos entender que ao fazer bem ao próximo, faremos bem a nós mesmos. Se fizermos uma ação que gera amor, todos vão se beneficiar por este ato. Não importa quão pequeno ele seja, o efeito dele será potencializado pela conexão espiritual, e o impacto será infinitamente maior do que pensamos.

O matemático Edward Lorenz demonstrou matematicamente, pela Teoria do Caos, ou efeito borboleta, que um simples bater de asas de uma borboleta no Brasil pode modificar condições climáticas nos tufões dos Estados Unidos, ou o uso de espuma de barbear na Europa pode impactar as condições de vida dos ursos polares da

Groenlândia. Esse estudo demonstra que pequenas ações no mundo podem causar grandes mudanças. Isso significa que de alguma forma o mundo está conectado.

Com a comprovação dessa teoria, podemos tirar duas conclusões importantes para fecharmos esse último pilar do ser humano:

1. estamos todos conectados;
2. qualquer pequena ação que fizermos poderá gerar impactos enormes em nossa sociedade.

CONCLUSÃO

*Somos muito mais do que um simples corpo
ou um simples patrimônio*

Primeiramente já podemos concluir que a nossa condição de ser humano está muito além da matéria. Sabemos que é possível viver apenas neste nível, mas também podemos ter mais do que uma simples vida de acúmulo financeiro, procriação e sobrevivência. A nossa verdadeira felicidade está em nos descobrirmos e aumentarmos nossa potencialidade, entendendo que fazemos parte de um plano maior. Somos uma célula neste universo capaz de produzir bondade e beneficiar a humanidade como um todo por meio de pequenos atos do dia a dia.

Tudo tem um começo, então, para mudarmos o *status* atual, podemos começar cuidando de nossa matéria, que é o nosso corpo. Mas, além disso, temos que entender que somos mais do que isso: precisamos olhar o nosso interior e começar a praticar o nosso potencial total, deixando um legado para a humanidade. Tudo começa em um plano material, com o nosso corpo emprestado para viver esta vida, mas podemos ampliar esse pensamento olhando para o nosso interior, nos descobrindo.

Aprender com nossos relacionamentos também é primordial para seguirmos nossas jornadas. Todos os relacionamentos que temos são úteis para nos ensinar algo. Aprender com eles nos tornará um ser humano melhor. Em vez de julgarmos as pessoas, vamos aproveitar o que elas têm de melhor e também entregar o que temos de melhor.

O propósito de vida é primordial para encontrarmos o nosso caminho verdadeiro. Mudar a forma de olhar o mundo e deixar de lado o olhar material sobre o que é efêmero nos deixará mais livres.

Mudar nossa ocupação para algo que faça sentido nos proporcionará motivação e vontade de executar um bem maior para a humanidade.

Por último, e o mais importante, entendermos que somos mais do que o plano físico. Estamos todos conectados pela energia que rege o mundo, ou pelo nosso espírito. Somos maiores do que somos e podemos potencializar ainda mais nossa capacidade. Temos acesso ao consciente coletivo e, se acreditarmos que somos capazes e agirmos para isso, podemos mudar o mundo para melhor.

Por isso, meu conselho é simples: cuide bem do seu corpo, de sua mente e de seus sentimentos. Aproveite seus relacionamentos, tenha um objetivo de vida forte e com propósito e alimente seu espírito, sabendo que você é muito maior do que um simples corpo.

Sim, busque o melhor dentro de você e entregue o que você tem de melhor para o mundo, estruturando os quatro pilares e vivendo em equilíbrio.

Desejo que a paz, a prosperidade, a fraternidade e a compaixão estejam com você diariamente.

ORGANOGRAMA DO SER HUMANO

Em nosso mundo, temos muitos conceitos sobre ser humano, ter espiritualidade e sobre o que realmente importa para nós. Sempre temos esses conceitos em forma de palavra, e é difícil entender como podemos equilibrar os pilares por termos de lembrar os conceitos.

Visando facilitar o nosso dia a dia, e para que fique mais claro o entendimento deste livro, criei um organograma que ajuda a resumir os conceitos de uma forma mais gráfica e a lembrar os pilares de forma mais automática.

Basta colocar este organograma em um local visível e diariamente olhar para ele, pensando em equilibrar esses pilares e ter uma vida plena.

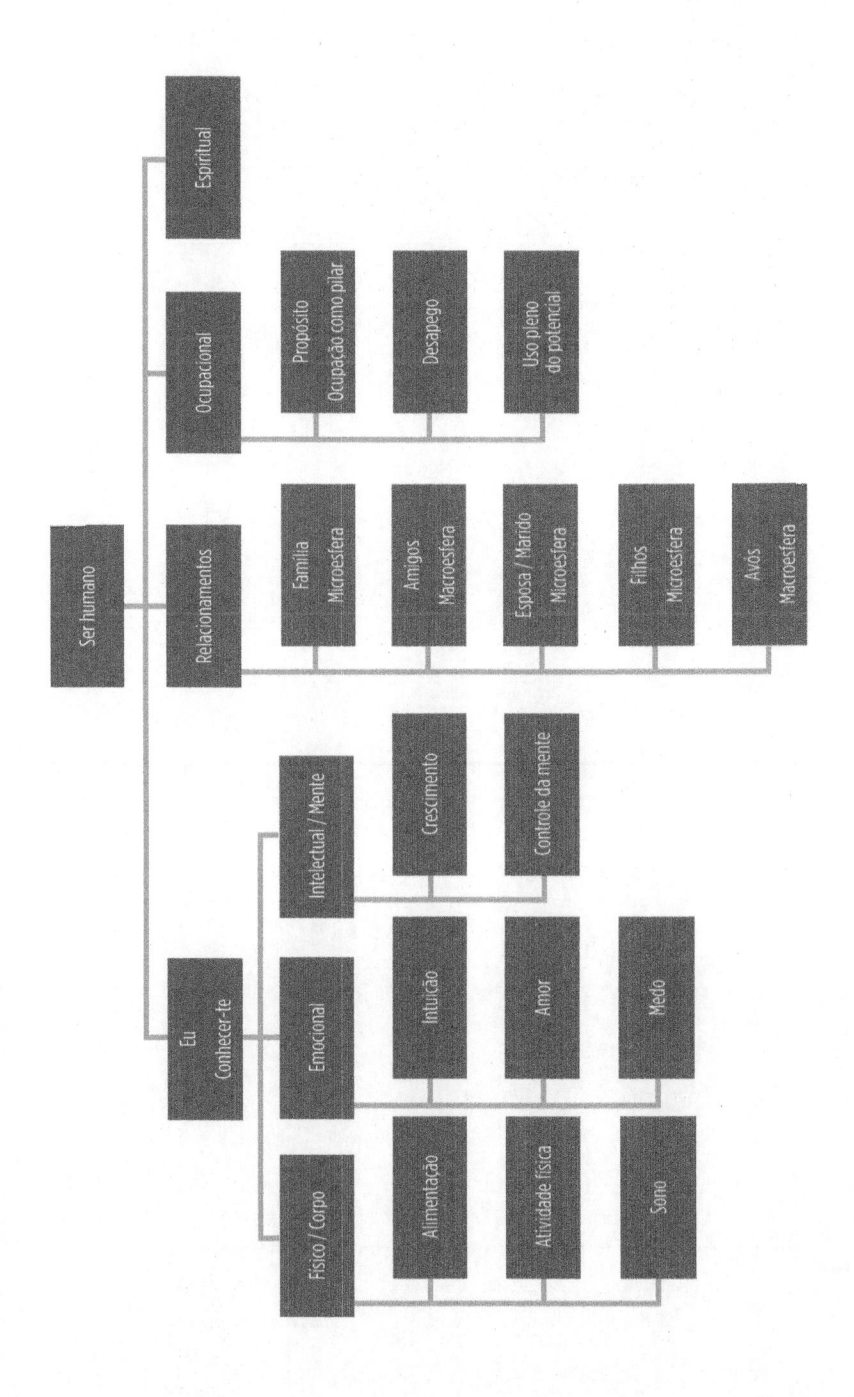

```
                                    ┌── Espiritual
                                    │
                                    │                  ┌── Propósito / Ocupação como pilar
                                    ├── Ocupacional ───┼── Desapego
                                    │                  └── Uso pleno do potencial
                                    │
                                    │                     ┌── Família / Microesfera
                                    │                     ├── Amigos / Macroesfera
Ser humano ─┬── Relacionamentos ────┼── Esposa / Marido / Microesfera
            │                       ├── Filhos / Microesfera
            │                       └── Avós / Macroesfera
            │
            │                       ┌── Intelectual / Mente ──┬── Crescimento
            │                       │                         └── Controle da mente
            │                       │
            └── Eu / Conhecer-te ───┼── Emocional ────────────┬── Intuição
                                    │                         ├── Amor
                                    │                         └── Medo
                                    │
                                    └── Físico / Corpo ───────┬── Alimentação
                                                              ├── Atividade física
                                                              └── Sono
```

PILARES PARA UMA VIDA PLENA

REFERÊNCIAS

Livros

Blavatsky, Helena. *A voz do silêncio*. Trad. Fernando Pessoa. Edições Textos para Reflexão, 2013.

Dweck, Carol S. *Mindset: a nova psicologia do sucesso*. São Paulo: Objetiva, 2017.

Eker, T. Harv. *Os segredos da mente milionária*. Rio de Janeiro: Sextante, 2010.

Frankl, Viktor E. *Em busca de sentido*. Porto Alegre: Sinodal, 1987.

Jung, C. J. *Modern Man in Search of a Soul*. New York: Harcourt, Brace & World, 1933.

Pressfield, Steven. *A guerra da arte*. Rio de Janeiro: Ediouro, 2005.

Rei Salomão/Mago Sidrak Yan. *As chaves do rei Salomão*. Clube de Autores, 2018.

Seligman, Martin E. P. *Florescer, uma nova compreensão da felicidade e do bem-estar*. São Paulo: Objetiva, 2011.

Artigos

Ryan, Richard M; Deci, Edward L. The Self-determination Theory. 1981.

Sites e pesquisas

https://www.ncbi.nlm.nih.gov/pmc/articles/PMC4346667/

https://www.gottman.com/about/research/

https://www.br.undp.org/content/brazil/pt/home/idh0/conceitos/o-
-que-e-o-idh.html

https://www.who.int/news-room/fact-sheets/detail/obesity-and-
-overweight

https://www.un.org/development/desa/en/news/population/
2018-revision-of-world-urbanization-prospects.html

https://www.cdc.gov/sleep/data_statistics.html

https://www.sciencedirect.com/science/article/abs/pii/
S0749597815301254

https://www.ncbi.nlm.nih.gov/pmc/articles/PMC6122651/

https://www.worldometers.info/

https://news.un.org/pt/story/2019/10/1689492

Esta obra foi composta em Minion Pro 10 pt e
impressa em papel Offset 75 g/m² pela gráfica Meta.